大师讲堂

通俗社会科学小讲

曹伯韩 著

应急管理出版社
·北京·

图书在版编目（CIP）数据

通俗社会科学小讲 / 曹伯韩著. -- 北京 ：应急管理出版社，2024. -- （大师讲堂）. -- ISBN 978-7-5237-0323-6

Ⅰ．C49

中国国家版本馆 CIP 数据核字第 20243P9F22 号

通俗社会科学小讲（大师讲堂）

著　　者	曹伯韩
责任编辑	陈棣芳
封面设计	朱文浩

出版发行　应急管理出版社（北京市朝阳区芍药居 35 号　100029）
电　　话　010 - 84657898（总编室）　010 - 84657880（读者服务部）
网　　址　www. cciph. com. cn
印　　刷　三河市元兴印务有限公司
经　　销　全国新华书店

开　　本　880mm×1230mm$\frac{1}{32}$　印张　$4\frac{1}{8}$　字数　77 千字
版　　次　2025 年 1 月第 1 版　2025 年 1 月第 1 次印刷
社内编号　20240510　　　　定价　59.80 元

总序：
新时代的思想延续与学术重光

　　"大师讲堂"系列不仅是对民国时期辉煌学术成就的致敬，更是一座跨越时空、联结古今的桥梁。该系列在第一阶段成功推出了 99 部大师著作，为读者打开了一扇通向学术宝藏的大门，展示了民国大师们卓越的学术造诣和文化思考。这些著作涵盖了多个领域，成为文化遗产的重要组成部分，也为现代学术研究奠定了坚实基础。

　　进入第二阶段，本系列再度聚焦大师们的经典作品，涵盖建筑、文学、教育、史学等领域，延续并创新了他们的思想火花。这些著作不仅继续深耕传统文化的学术沃土，也在新时代的文化语境中，重新激发了中西思想的碰撞与交融。通过这些作品，我们不仅可以感受到民国大师们的思想脉动，还能从中挖掘出适用于现代社会的智慧与启示。

　　文化的传承与创新是这个系列的核心理念。民国时期的大师们处于内外挑战交织的动荡时代，但他们凭借深厚的学术功底和前瞻的思维，开创了属于他们的学术高峰。今天，我们将这些学术瑰宝重新整理和出版，不仅是为了保存文化遗产，更是为了让这些珍贵的思想资源在新时代焕发出新的光彩，推动学术的延续与创新。本系列的作品无论从学术深度还是文化广度，都体现了大师们在各自领域中的卓越贡献。他们的思想穿越时间的长河，依然能够启发现代学者和读者。无论是学术研究，还是文化素养的提升，这些著作都将在当代文化市场中占据不可替代的位置。它们不仅是学者的重要研究工具，更是广大读者探求文化智慧的窗口。

新时代呼唤思想的光芒，我们相信，"大师讲堂"系列的再度面世，将为当代文化复兴注入新的活力。通过这些伟大的著作，现代人能够从中汲取精神力量，启发创新思维，推动文化与学术的长足发展。

目录
CONTENTS

第1章　鲁滨孙是不是孤独的人?
（什么是社会）

世上有没有一个孤独的人，完全不和别的人发生关系，他还可以生活下去呢？

这样的人我们没见过，不过读小说的时候，好像碰见过这样的人。从前英国有一部有名的小说，叫作《鲁滨孙飘流记》——这部书，中国人老早翻译过来了——那里面的主人公鲁滨孙，是一个航海家，他在海船中遇着大风，飘流到一只孤岛的旁边，船身沉没，同船的都葬到水里去，他独自一个人泅水到了岛上，侥幸保了残生，回头找着破船露出的一部分，拾得一些吃的东西，用的东西，比方猎枪等等，他把这些工具、武器和粮食搬到岸上，独自一个人生活起来。

鲁滨孙在那个孤岛上，时而做猎人，时而做木匠，时而做农夫。总而言之，各种样式的劳动，他都去做，因为他自己要靠自己做，才能把穿衣吃饭住房子几个问题解决。

但是我们可不可以根据鲁滨孙的故事，就说一个人只要自己高兴，尽可以和随便什么人都不发生关系，过他一个人的清静日子呢？这是不可以的。因为从鲁滨孙的故事，我们就不能证明鲁滨孙是一个完全孤独的人。

为什么说鲁滨孙不是完全孤独的人呢？因为鲁滨孙在孤岛上所利用的粮食、工具等项，都是别人做的——鲁滨孙过去是在海船上做事，当然不会同时去打铁种田的。

照这样看起来，就是小说家编造故事，也不能造出一个完全孤独的人来。世界上哪里还有真正孤独的人呢？

但是，或者有人要说，我们不妨再造一个新的鲁滨孙，这个鲁滨孙，我们不要他利用现成的粮食、工具和武器，让他去过原始时代的野蛮生活。这样，他准可以完全孤独了。

好！这个原始时代的鲁滨孙就算制造出来，但以后的故事就很难写下去。假使有狮子、虎、豹来了，鲁滨孙还是抵抗呢？还是逃跑呢？要抵抗，就应当有尖锐的牙齿和脚爪，有加几十倍的体力；要逃跑，就应当跑得特别快，应当会下水，或者会上树。

而且，鲁滨孙应该是毛深皮厚，才可以抵御风寒暑湿的侵害。甚至于他的肚肠，他的口味，都要和野兽一样会吃生东西。鲁滨孙把所有的时间，所有的精力，都用到找寻食料方面去。仅仅维持得生命，他没有多余的力量去发明工具。

这样，鲁滨孙就完全回到了野兽的时代。

鲁滨孙一离开了野兽的时代，就不能孤独地生活了。为着抵御猛兽的侵害，为着解决食料的问题，为着性欲的引诱，原始的野蛮人不得不成群结队地过日子。

野蛮人的身体虽然具备了和野兽不同的手和脑，但是想要运用手和脑来制造石刀、石斧等等的工具，他们不能不联合几十、百把人一起做，共同生活，使得在寻找食料以外，还剩出一点力量来。有了工具，又需要大家一同去做事，比方打猎、采集果实等等，男女老少，各人按照各人的能力，担任一部分工作，这样合多数人的力量，才能够扩大食物等项的生产力。

现在澳洲、美洲等等地方的土人，有些极其野蛮的，他们都是成群结队地生活，从没有孤孤单单地做工作的，就是做过工作之后，他们把大群分散，也是分成许多小队，各自回去，也不是一个人的行动。可见他们野蛮人，比文明人更不能脱离团体生活。

实在野蛮人的脑子里面，简直不会产生鲁滨孙的故事，因为他们不能想象，一个人离开团体还可以生活。如果有人遭了团体的驱逐，等于宣布了死刑。

鲁滨孙的故事是从文明人的头脑里产生出来的。文明人为什么会想出一个人孤独地生活着的事呢？因为文明时代，人和人的关系，比较野蛮时代复杂得多，不容易看出来。

即如刚才说的，飘流海岛上，带着猎枪、粮食等项的鲁滨孙，并不是孤独的，这是从他所带的东西看出来的。如果不从物品上面去看人的关系，单单是直接地去考察，我们就决定不能否认鲁滨孙是一个孤独的人。

文明时代人和人的关系，大半都是这样间接地发生的。但是，我们只要从穿、吃、用的东西上面去看人的关系，就看得出这种关系，比较野蛮人的范围来得大。我们现在吃的麦子，也许是美国农夫耕种出来的；穿的布匹，也许是英国织工织出来的。我们乡下取的蚕丝，也许要给巴黎的舞女作衣裳；采的茶叶，也许要给纽约的商人作饮料。

总而言之，人生在世，少不了穿、吃、用。一个人穿的吃的用的，不能都归一个人弄。不管是野蛮人也好，文明人也好，单单一个人总活不来。只有结成一伙，大家去生产穿的吃的用的，大家才得活命。不管是大家一块儿弄，一块儿吃也好，或是各人在各人的地方弄，我替你生产谷子，你替我生产布匹也好，总而言之，各人做的都是公众的一部分工作，换句话说，就是社会的生产。

人们参加这种社会的生产，是为着要活命。当生活逼迫着你的时候，你就是不高兴，也不能不做。换句话说，就是人们参加社会的生产，和本人的意志毫无关系。

人们既然在社会的生产当中,或者一块儿劳动,或者互相工作,就会直接地间接地发生关系。这种种的关系,都叫作生产关系。

加入了这种生产关系的一切个人,构成了一个总体,这就是所谓社会。

一般人常说,社会是由个人集合而成的。但是,仅仅有许多个人站在一处,也不能成为社会。这好比八个齿轮,要按照一定的关系组织起来,才成为一架钟。各个人要依照一定的生产关系结合起来,在整个的组织中占得一定的位置,那么,这种个人的集团,才成为社会。

人类是社会的动物。随便什么人,从生到死,没有一天可以脱离社会关系。因此,就是到海中孤岛上去当鲁滨孙,也不能成为一个真正孤独的人。

第2章　一朝时世一朝人
（社会是进化的）

俗话说："一朝时世一朝人。"我想把它解释一下，可以说就是"一个时代有一个时代的人物"吧。

比方我们这个时代，有着巨大的工厂，工厂里面有无数的机器转动着。大批的货物飞快地在那里制造出来。于是就有千千万万出卖劳力的工人在一块儿做工。就有占有工厂同机器的资本家，靠盘剥工人们的手段发财。

工钱劳动者和资本家，就是资本主义时代的两个主角。

"资本主义"这一出戏的内容，就是"做工的没工具""有工具的不做工""劳动者出血汗""资本家发洋财"。一方面有了本钱充足的资本家，另一方面有了靠工钱过日子的工人，这出戏就好唱了。

比我们这时代早些的时候，那个戏唱得大不相同。那个戏目在人类社会舞台上挂出来，是"封建制度"几个大字。

"封建制度"那出戏，在欧洲中古时代及中国的周朝，都是顶顶时髦的。那出戏也有两位主角，那就是封建领主和农奴。

封建领主是要打脸挂须才上场的，那家伙多么威武！他上受国王的封号，领有土地和人民，建立领土上面的政权。他手下的人，除开家臣、奴仆那一类寄生虫，要算就是农奴了。

农奴是附属在领主土地上的作田汉。只因他没有土地，甚至没有农器、耕牛，除开劳动力，一切都是领主的，所以他很受领主的盘剥。

封建领主对于农奴，不单单是个田东，而且是个官儿。农奴不只是要纳租给他，进贡给他，替他当差，还要受他的限制，受他的审判，办罪。

农民兼带奴隶的身份，就形成了一个"农奴"的雅号。

我们再从封建时代追求上去，又是什么戏呢？

那就是"奴隶制度"。

奴隶是一个什么角色呢？他的出身是战争的俘虏。原来古时候野蛮得很，各部落打起仗来，捉到敌人常常是把他杀掉。后来因为生产有了进步，觉得需要利用捉来的敌人做事，于是就产生了奴隶制度。

奴隶主对待奴隶，比封建领主对待农奴更不客气，简直不把他们当人，只把他们当牛马。拿点饭喂养他们，赶到牧场上或农田里去劳动，不用说，生产品的一丝一毫，不由他们支配，就是他们自己的身体也是主人所有的，主人将他们买卖，也是可以的。

那时候，畜牧和农业都有人干。可是用奴隶干农业上的事儿，犹如听一群牛马在那儿做工，不加鞭子就不会前进的，所以后来农业进一步发达，奴隶制就不大流行，人们都改用农奴制了。

奴隶和自由民（奴隶主）是奴隶社会中的两大主角。

我们刚才看过这几出戏，每出都有两个主角，他们俩的关系都是不平等的。现在再追求到更古时候的情形，就不同了。

人类舞台上最早的戏，是没有剧本可看的，那时候还是在历史以前的时代呢。但我们听见许多专门研究古代社会的人说，从各处地下发现的古迹和各处野蛮民族生活的榜样来看，再掺一点儿传说下来的材料，很可以推断极古时候的社会。

那时候人类的劳动工具就是木棒、石头，用石头做的刀、斧头、锄头等。还有弓和箭，那是比较在后一点儿的时期才发明的。用这些工具，成群结队地去打鱼、打野兽，就是那时候人们的拿手好戏。

因为生产品没有剩余，自然没有盘剥的事，大家一块儿弄来的东西，就一块儿吃用。人和人的关系是平等的。

在极古的时期，人们已经发明种植的方法，晓得植物的种子种在土里，可以长出新的植物来。不过用木棒和石头来耕田，太费事了，生产出来的谷子自然少得很。

直到人们发明了铁器，比方犁、耙等项，耕种的法子方才大有进步，谷子的出产才大大地增加。所以农奴们收获的谷子，自己吃了，还剩了很多，给大小封建领主及其家臣、仆役们去大吃特吃。

最古的时候，人类只有一群一群地生活着，上面没有国，下面也没有家，人们一生一世不离开他们自己的群团，那叫作原始共产社会。

原始社会的角色就是一群平等互助的男女。

现在我们可以说"一朝时世一朝人"，真的不错了。

在弓箭是主要生产工具的时代，人们靠渔猎的生产品来生活，而社会组织是平等互助的共产群团。

到了人类发明了畜牧和农业这两种生产技术，平等互助的生活就暂告结束，人支配人的制度开始发生，于是就有自由民和奴隶对立的奴隶社会。

因为铁制耕器的发明，而农业成为主要的生产事业，社会组织跟着也变成了封建领主和农奴对立的封建社会。

自从机器发明以后，封建时代手工业的斧头、锉子……都成了废物，农业上也慢慢地开始淘汰旧式的锄头、草耙。在生产工具上有了这个进步，又把旧时分散的家庭劳动集合到工厂里来（这叫作劳动组织的改造）。把生产工具和劳动组织两方面的进步合起来，生产的本领就比先前强得多了。

于是我们走上了资本主义时代，在新的生产方法上面，形成了资本家和工钱劳动者的对立（这种社会组织的改变，也就是人和人结合关系的改变。不用说，这种改变是由于新式工业生产的影响，所以又可以说是生产关系的变化）。

社会是常常变化的，古往今来，已经变过多次了。今天以后，当然也是一样。因为我们的生产本领是一天高于一天的。现时的社会组织已经发生了破绽，妨害着生产本领的进步，当然要发生根本上的变化。

"一朝时世一朝人"，今天有资本家和工钱劳动者的对立，明天难道还有吗？

第3章　好比一栋房子
（社会的结构）

那一天，有一个乡下朋友，写信来问我：

那一回讲话——鲁滨孙是不是孤独的人？——里面说："加入了生产关系的一切个人，构成一个总体，就是社会。"究竟人们的社会关系，就只限于生产关系吗？比方，做官的人，当兵的人，都不曾生产一丝一毫的东西，给别人使用，可是他们也是构成社会的一分子呀！

固然，资本家也是不劳动的，但是劳动者要到资本家的工厂里，才能够生产，所以资本家是和生产有关系的。但是官吏和兵士，并没有工厂和土地之类，供给人们去生产的呀！

还有一个疑点，就是生产关系，是不是包括了商人在内呢？假使说，生产关系就是我替你生产谷子，你替我生产布匹的话，似乎商人应当除外了。因是在生产以前，他没有土地、工厂那些东西供生产的用；在生产的时候，他也没有参加劳动；等到他和人们发生关系的时候，那些谷子、布匹等等的生产品，老早就生产出来了呀！

我看了他的信之后，觉得他的疑问，正是我今天要解答的问题，就拿起来作个开头吧。

先把生产关系所包括的内容说一说。

我们平常说的生产关系，是包括一切经济关系来讲的。

一种生产品，比方是谷子，它由农夫生产出来，把一部分以地租的名义分配给地主，把一部分拿到市场上去，交换油、盐、布匹等项日用品回来，把一部分分配给自己吃。

农夫卖到市场上的谷子，被商人委托轮船公司或铁路局等交通机关，运输到别的地方去，再经过交换，而分配给那个地方的消费者。

在这个例子中，有生产、交换、交通、分配等等一串的经济关系，互相连贯着，而最主要的是生产关系，其余的各种关系都是由它决定的。

这个例子，因为是私的生产所以需要交换。假使是共同生产，全社会的人，好比是在一个大家庭之内，有些人织布，有些人耕田，他们就用不着交换谷子和布匹了。他们的衣食是由一家人共同分配的。

因为生产所用的土地或工厂等等是私人所有，即生产关系是不平等的，所以分配也就不平等，地主和厂主可以不劳动而得到更多的一份。假使土地或工厂是集体经营的，生产关系就是平等的，分配关系也会变得平等了。

所以生产关系是主动的关系，其余的几种关系是附属于生产关系或者补充生产关系的。严格说来，它们各个构成生产关系的一部分。

因此广义的生产关系，就把上面一切的经济关系都包括进去。

照这个解释，无论什么人，他不能不穿衣吃饭，所以他就参加了生产关系。全社会的人，都在这种关系里面，官吏、兵士、商人，都包括了，自不必说。

现在谈到人们的社会关系是不是限于生产关系这一点。

人和人的关系是非常复杂的。除开为了吃饭问题不得不和人家发生关系以外，我们还可以为别的事情和人家发生关系。就是人们的职业，除了农、工、商之外，也还有官吏、兵士、教士、律师、教员等等，看起来和生产一点儿也不相干的职业。

其实，人类尽管有种种别的活动，仍然是要以生产活动为起点的。

假使一个人不吃饱饭，他能够写文章吗？他能够演戏吗？假使一个社会，野蛮得很，每天劳动所得的食物，还不够一天吃的，还有本领弄些琴棋书画等等的玩意儿，并且有闲情逸致来赏鉴它们吗？

而且，人类的别种活动，随时要受生产活动的影响。生产关系一起变化，别种关系也要变化的。

像上面说的那些不农、不工、不商的职业，为什么会产生呢？那些职业，在野蛮社会是没有的，到了文明时代，一方面，因为生产有了进步，有丰富的衣食资料，可以替那些职业者解决吃穿问题；另一方面，因为他们的活动是合乎时势的需要。换句话说，都是和当时进步的生产关系相适应的，所以那些职业者就产生出来了。

他们怎样合乎时势的需要呢？

官吏和兵士是在私有财产的时代，为了保护财产才产生出来的。律师是帮助人们打官司的，而打官司也大半是为财产。

教士或教员，是为宗教或教育而活动的，而宗教或教育，也是和生产有联系的。例如中国人敬财神，是希望生意好；求雨求晴，是希望收成好。这是宗教和生产有关的证据。教育原来是把前辈的劳动经验传给后辈。有些不切实用的知识，是某些闲暇阶层弄出来的，而社会上闲暇阶层的产生，也正是生产发达的结果。

照这样看起来，只有生产关系（经济关系）是基本的社会关系，其余各种的社会关系，都只算生产关系的树上开出来的花，长出来的叶子。

所以，有人说社会好比一栋房子，下层的基础，是经济关系，那些政治、法律、宗教、教育等等的关系，是上层的建筑物。

社会的上层构造不能不和下层基础相适应。正和房子一样，要建造二十层的大厦，就不能不把基础弄得异常坚固。

封建的生产关系，如果还是存在，资本主义式的全国统一的政权就很难成立。这便是不相适应的缘故。

自由资本主义时代，产生资产者的民主政治。独占资本时代，产生资产者的独裁政治（法西斯主义）。这便是互相适应的缘故。

第4章　世界为何不太平？
（社会变化的原因）

世界为什么有时太平，有时变乱呢？

解答这个问题，我们得提出"生产力"这个名词来。

生产力就是前次讲话里面所说的生产本领。比方经济学书中制造别针的例子。一个工人独立制造别针，每天无论如何不能做满二十枚。但是十个工人联合起来，分工制造，每人专做一项手续，平均每人每日就可制造四千八百枚别针。这十个联合工作的工人，比较那十个独立工作的工人，生产本领，不是大了二百四十倍吗？换句话说，因为合力分工的缘故，就得到一种伟大的新生产力了。

假使利用机器来做别针，比用手工工具来做的时候，生产的本领又要提高了。一八六七年的记载，说每个工人每天可以做出别针六十万枚。到一九〇五年，机器又进步了，每个工人每天所做的别针，就加到一千五百万枚了。所以机器也是一种新的生产力。

由以上两个例子可见，生产力就是生活资料的产出力。我们乡下的农民常常说："这一丘田，收得六担谷子；那一丘田，收得四石谷子：虽然田是一样大小，因为土地有肥瘦不同，出谷也有多少不同呢。"这也是讲的生产力，就是说两块同样大小的土地，生产力却不相等。

从以上三个例子来看，生产力有种种方法可以提高起来。

第一个例子，是把劳动方法改良，就提高了生产力。原先的劳动方法是独立工作，后来是十个工人合伙工作。

独立工作的工人，做一件东西，从头至尾，各种手续都要做到，比方做鞋子，鞋面鞋底，都归一个人做，整双的鞋子由他一手完成，他时而要拿起皮刀，时而要拿着钻子，工具的更换，工作地位的变动，材料的拿起放落，要浪费许多的时间。

合伙工作的工人，他们可以把做鞋子的手续分成许多阶段，每人只做一段，一双鞋子，要经过许多人的手才会成功。不仅鞋底鞋面分成两部，而且各部中间还要分开，每人只管一小部分。这样，不但可以节省时间，还可以把手艺练得格外驯熟。

所以分工的法子，能够把生产力提高。

有些工作，虽然不是分工，仅仅由许多劳动者在一起工作，也能够提高生产力。比方起房子，要搬一根大石柱一个人搬不动，许多人抬就抬动了，这种方法是简单的合力。

从简单的合力到分工，都是提高生产力的法子。

第二个例子，是把劳动工具改良，就提高了生产力。

假使我们没有铁做的犁，而用野蛮人的木棒来掘土，我们就不会收获现在这么多的谷子。假使我们没有水车，而用水瓮或者水桶去戽水，恐怕要费几倍的人工，还不一定能得到同样的效果。假使苏联人不用拖拉机、联合机等等的东西耕田，他们的五年计划就不会做到。

劳动工具的改变，对于生产力的提高，是极其重要的。

第三个例子，是把土地变更一下，也可以提高生产力。不过，从社会的立场看，并不是从不肥的地方迁移到肥的地方去，因为两个地方都是要利用的；我们要的是将不肥的地方设法子改良，比方施肥料等等。

据说某些地方，不知道插秧的方法，那些农人把种子密密地播散在田里，让它们自由地生长，结果把地力分散，禾苗长得不好，收获因此不多。至于知道插秧的地方，就会把紧密生长着的秧，重新插过一遍，插得疏疏朗朗，反而收得了较多的谷子。这又是一个提高生产力的法子。

还有同样的例子，比方改良品种，可以使生产出来的东西多些或者好些。比方修筑道路，改良运输的方法，就可以减少运输的人力，腾出这些人力来生产旁的东西。

这一类的例子，都是技术的改进。要改进技术，就要把科学的道理应用到工业和农业上面来。

因此人类的脑力和体力，尤其是由进步分子团结而发生的力，是最伟大的生产力。

以上的各个例子中，所说的生产力，如果不与社会关系一起来说，还只能算生产力的要素。人类的劳动力、劳动工具，以及土地、原料等项，都是生产力的要素。而人类的劳动力，怎么样运用起来，组织起来，比方合力分工等等，也是生产力的要素。不但这样，而且连人类运用思想去改良技术，发明新的工具，或新的工作方法，那一切的努力，也是生产力的要素。

不过，这些要素要进到了生产关系的框子里，才能从一个一个的东西，转变为社会的生产力。

这话怎么讲呢？

因为人类把劳动力加到自然物的时候，不但是人和自然物发生了关系，同时人和人也发生了关系。

现在有一个农民种田，他每天把劳动力加到土地上面去，同时他就和地主发生了关系。有一个工人纺纱，他每天把他的劳动力和棉花，与纺纱机器结合起来进行生产，同时他就和资本家发生了关系。

假使在此时此地的社会里面，那个农民不向地主租地，他的劳动力便不能和土地结合起来。那个工人不到资本家的厂里去做工，他的劳动力就不能和纺纱机器结合起来。因此生产就不能进行，生产力又从哪里表现呢？

旧的生产力常常要发展成为新的生产力。而且，一种生产力，就有一种生产关系和它相对应。好像小孩子和大人，各穿各人的衣服一样。

当生产关系和生产力互相适应的时候，生产力就可以自由发展。比方几十年前，生产力比现在小些，那时候的资本主义生产关系，使世界各地的富源大规模地开发着，使物质文明不断地增进着。那种兴旺的时候，世界就太平。

当生产力长得更大的时候，生产关系不但不能帮助生产力的前进，反而要妨害它的发育。比方现在的资本主义，到处关厂停工，减少生产，甚至把小麦倾到海里去，将咖啡投到火里去烧。这个时候，生产力和生产关系互相冲突，世界就不太平了。

第5章 说什么兴衰成败总由天
（社会变化的情形一——氏族社会和奴隶社会）

古时候的人，靠打猎捕鱼生活，他们的劳动，并不是单单独独地进行的，他们是成群结队地去做的。他们凭着合群的方法，不怕山中的虎豹，不怕水里的蛟龙，都可以制服。

他们不单单晓得合力，而且晓得分工。那时候的分工，并不是士农工商，各居一业，而是男女老少，各按各人的能力，担任一种工作。

那时候一群人就是一家人，可以说社会就是家庭，也可以说只有社会没有家庭——是的，说没有家庭的对些，因为私有财产还没有产生，固定的夫妇关系并没有需要。

就那时的生产关系来看，完全没有剥削者和被剥削者的分别。个人和社会打成一片，谁也不懂得自私自利。那种世界真是平等，真是自由，所以中国人常常赞叹着："无怀氏之民软！葛天氏之民软！"就是把原始社会看作了不得的社会。

的确，原始的社会中，人和人的关系，是好得很，可是生产力还是很低，人类的物质生活就苦得很。

而且，就因为食物的缺乏，也弄出许多悲惨的事情出来，比方：人吃人，把不能劳动的老人杀死等等野蛮的风俗。

即使后来进步了一些的时候，人类已经发明了畜牧和农业，遇到部落和部落相争的时候，还是把打仗捉来的俘虏，一个一个的杀光。你看，这不仅是悲惨，而且，是不是毁坏了社会的生产力呢。

所以，这时候，人人平等的生产关系，反而妨害了劳动生产力的自由发展了。

生产力是社会进化的原动力，它不能屈服于生产关系的拘束之下。它终于要冲破旧的生产关系，建立新的生产关系。

这个新的关系，一定不要杀老人，不要吃人，就是俘虏也不要杀，因为人就是生产力的主要要素。

而且，在分工方法上，要加一点劳心劳力的分工。这一点分别，在将来的新社会，是要想法子除去的，但是在古代的社会，却正是要建立起来的。

这是为什么呢？

因为在将来的社会里面，劳动的技术非常高明，人们不必整天地劳动，都可以吃得饱，穿得暖，住得舒服，劳动者可以腾出许多时间来研究科学、艺术等等。而且，将来的劳动，不是全然倚赖体力及呆板的动作，总是凭着劳动者的智慧去驾驭自然力的，这一点也不难想象。所以，那时候，时势就需要体力和脑力平均发展的生产者。

至于古代社会，因为技术过于低下，还是谈不到这些。不过为着改良工具，改良劳动组织，或者为着保存历年的劳动经验，的确需要有专门劳心的人。

恰好有了一批一批的俘虏，这些人本来是要杀掉的，现在换一个办法，不杀他们，把他们留起来工作，而让自由民减轻些工作，好从事于劳心的事，岂不很好吗？

这样，奴隶制度就产生了，而人人平等的生产关系，被不平等的生产关系所代替了。因为奴隶制把人类分成了两等：奴隶和自由民（即奴隶主）。

生产关系的改变，就是革命，所以由原始社会变成奴隶社会，就是古时候的革命。有些历史家说：中国历史上，所说的成汤放桀于南巢，也就是一个建立奴隶制的革命，因为夏朝还是父系氏族，那不过是原始社会的第二期，到商朝，奴隶制度才大大发展。

闲话休讲，且说奴隶制这个新生产关系产生以后，生产力果然自由发展了若干年。读过西洋史的，谁都知道，古代的希腊、罗马，都是很文明的国家，他们的文明，就是奴隶制创造出来的。

希腊诗人荷马所歌咏的故事，那不过是有史以前的希腊原始社会的追忆。一到了有史时期，希腊的社会就成为奴隶社会了。

在这个社会里面，产生了艺术、哲学、科学等人生日用的知识与技能。而这些精神文明的创造者，是得益于无数的奴隶，用体力劳动创造了很多的衣食资料，供给了他们的使用，维持了他们的生活，才能够进行他们的工作的。

至于这些知识的作用，都是和生产有关系，即帮助生产的，也就是奴隶主指导奴隶劳动，使生产增加的必要知识。比方几何学可以应用于测量田地，天文学可以帮助航海事业的发展等等。

劳心者既然能够帮助生产力的发展，这种生产关系自然可以延长下去。可是，好景不常，这种生产关系，到了后期就发生毛病了。

劳心者与劳力者分工之后，渐渐地忘记了他们合作的任务，而走向分离的道路了。像人们所喜欢恭维的柏拉图时代的希腊哲学，就完全把心思用到牛角尖上去，离开生产已经十万八千里了。

奴隶主完全忘记了指导生产的任务，他们只顾自己的享乐，或者把精神滥用到无益的研究上面去，因此，生产的技术就不能进步了。

　　奴隶们如牛马一样劳动着，不能得到技术的帮助，生产就不得加多；但是奴隶主养成了骄奢淫逸的习惯，又需要生产得多，于是只有强迫奴隶做过度的工作。这样，把奴隶们的身体摧残了，也就是把生产力毁坏了。

　　奴隶制到了这个时期，也妨碍生产力的发展。这个生产关系，又非更换不可了。

　　这一回的更换，就要把直接生产者从奴隶的地方解放出来，让他自己有处分自己劳动力的权利。劳动生产品，除开剥削者抽去一部分外，其余的总该由生产者自己来处理。

　　于是革命又发生，奴隶制又被农奴制（封建制）所代替。

　　常言道：“观今宜鉴古，无古不成今。”这里我们讲的虽然只是古代，奴隶社会的兴衰成败，可是以后接下去讲到封建社会、资本社会的兴衰成败，道理也差不多。

　　说什么“兴衰成败总由天”，（就社会来说）原来不过是生产关系和生产力相适应或相冲突的缘故。这个“天”应当改作那永远向前发展且有进无退的生产力吧。

第6章　封建社会的小传
（社会变化的情形二——封建社会）

反封建这一个口号，是中国大多数民众所熟知的，而且是大众行动的纲领之一。现在我想就封建社会的兴起和没落，来说几句话，借此来答复下列的两个问题：

（一）在人类历史过程中，为什么有封建社会呢？

（二）人类既然过去承认了封建的存在，现在为什么又要反对它呢？（这里还不能谈到中国的特殊情形。）

这两个问题，也就是说的封建社会的生来死去。因此，我们要把封建社会当作在人类历史某个阶段中一个承前启后的东西来处理。

那么，我们又得问一问封建社会以前有过什么社会，以后又有什么社会，要拿它们来比较比较。

我们要看看封建社会的由少壮而衰老，是怎样经过的。

这样，我们就会了解封建社会的生和死，是有其不得不生和不得不死的理由的。也就是说，它有必受欢迎的时候，也有必遭反对的时候。

在封建社会以前，有氏族社会，有奴隶社会。我们记得，氏族社会，是没有私人财产的，也没有剥削制度的。但是，生产力发展起来，生产出来的物品就多起来了，某些站在便利地位的人就可以占有这些物品，而私产就发生了，剥削也发生了。

奴隶制度就是剥削的老办法。我们晓得，剥削是这样发生的：一个人的劳动生产力，除了生产养活一个人的资料以外，还可以产生多余的资料，于是另一个人就来剥削他。当奴隶制成立的时候，一个人的劳动生产力已经不止足以养活一个人了。

所以奴隶，是替自己生产衣食资料，又兼替主人生产衣食资料的人。而其生产方式，就是在主人的土地上，用主人的原料、主人的工具来工作。他的生产品全部属于主人；他自己的衣食资料，是随主人的意思而赏赐给他的。

到了封建社会，最主要的制度是农奴制。这农奴，虽然也叫奴，也要受主人的压迫和限制，可是生产的方式就和奴隶制不同了。

他的主人给了他土地，还让他占有自己的工具，因此，他可以随他的意思去工作，只要他分一部分时间替主人劳动就够了。

他怎样替主人劳动呢？这有几个方式。开始那个时期，主人只把一部分土地分给农奴——这部分土地就是孟子书上所说的"私田"——还留下一部分土地归自己直接用的——孟子所谓"公田"——农奴替主人耕了公田以后，才可以去耕自己的一份私田。

后来他的主人觉得这个办法还是不好，因为那农奴耕主人田地的时候，一定没有像耕自己田地那样肯出力，除非主人监督得很严，结果是不会好的。因此，主人就把土地完全给农奴去使用，而向他征取租税，这租税就是生产出来的谷子及各项农产品，每年拿一定数额缴纳给他的主人。

我们还要知道，在那时候，是所谓自然经济的时期，生产品不出卖给人家的。主人向农奴征取的五谷牛羊以及农家副产品，如布匹等项，都是给自家用的。无论他怎样会吃会穿，一个人的需要总是有限的。所以那个时候，一个农奴的劳动生产力，所能够生产的东西，除开养活自己所需要的之外，全部剩余的生产品，并没有通通被他的主人拿去，他的主人所要的只是本身消费的数额罢了。

因此，农奴很高兴改进生产，使生产额增加。假如从前吃不到上好的粮食，现在呢，他是有的吃了。假使他把耕种方面的事已经改进得很好，他还有多余的力量，他便可以把他的副业，如裁缝、纺织之类，发达起来。

总而言之，他决不像奴隶一样，奴隶是无论努力生产到什么程度，于自己没有一点好处，因此就不努力。

因为这个缘故，所以封建的社会关系——生产关系，即领主和农奴的关系——在当时是帮助生产力的发展。这就是封建制度所以出生的理由，就是它可以代奴隶制度而兴起的理由。

生产力进一步的发展，又怎样呢？

假定有一个农家，原先是全家数口通通到田里去劳动，才可以维持自家的生活及供给领主的消费；后来他们能力有余，就不必全数都耕田，可以腾出一两个人专门做工匠了。

这些工匠，开始时只做定货，后来能力多起来，又可以做货出卖了。到了这时，商业也兴起来，金钱就产生了。

金钱一流通起来，领主就要向农民多征取一些东西去交换远方的珍禽奇兽、珍珠宝贝，以及各种好吃好玩的东西。为了这些东西，甚至不要农民缴纳谷租，而改纳金钱了。

这个时候，领主是贪得无厌的，农民除了维持自家生活以外，只要多收了一斗谷子，都要被领主榨取——这是强制的榨取，并不是订契约，因为领主和农民的地位，彰明较著地不是平等的。

农民被迫借债，那些债主又是重利盘剥。

农民要还租还债，急于卖出谷子的时候，商人故意不买，压低价格。等到农民因青黄不接，要买谷子的时候，商人或地主又故意抬高价格。

农民受几方面的压榨，连维持生活的资料都不够了，自然没有本钱进行农作。于是农业退步，或者干脆地离开农村，流为盗匪，或者形成广大的暴动势力。这个样子，就是封建生产关系妨害生产力的发展，以致发生了互相冲突的现象。

就手工业方面说，一个工匠，带几个帮手，开了一间小店，用自己的手工工具来工作，所出的货物也不多。假使要再加多一些以适应市场的需要（这市场是随商业而逐渐扩大起来的），就要把协力、分工的条件更扩大，更加强。那么，也就是说，非集合许多人在一个工场里劳动不可。

要使许多独立生产的手工业者统一在一个工场中间去劳动，就要有有钱的人把工具预备好，同时要那些小手工业者失去他们的工具。——代替它的，即他们没有能力预备的一套完全的新式工具，而这新式工具如果不是一套完全的，便不能使用。

在封建末期，就有机器产生了（但不是蒸汽推动的），而商人又有钱，故上述两个条件俱备，雇佣劳动工场制度就成立了。后来蒸汽机出来，资本主义就完全胜利了。

而从农村方面拣出来的多余的劳动者（这里我们还没有说农奴解放的事，事实上许多封建国家到末期因为被工商业的逼迫，是解放了农奴的。农奴既然解放了，一方面固然他的行动可以自由；另一方面，地主也就可以叫他马上失去土地使用权，他不能不另找出路），恰好可以满足工场的劳动力的需要。

无论农民、手工业者，都把工具失掉，而只有劳动力，因此，不得不向另外的工具所有者卖劳力。这就是由封建的生产方式，改变到资本主义的生产方式。这个方式一出现，凡是仍然用旧方式的农工业，都只有越弄越亏本、越弄越破产的。

旧方式是落后的，所以必定遭反对，必定死灭。

上述的协力分工的扩大与加强，及新式工具的出现，都可说是新生产力的获得。有了新生产力，就要建立新的生产关系，如从前所说。

这新的生产关系的主要点，是把劳力工具的所有权不属于同一个人（原来是属于同一个人的），而分属于两个人。于是，劳力变成货品，可以卖钱。劳力主（劳动者）和工具主（资本家），面子上是平等的，相互订契约；一个愿买，一个愿卖，是自由的，并没有什么强制。

这时候，在农业上工作的也是赚工钱，有土地的地主，不能向他们勒索租税，只能够向农业资本家分一点利息。他们从此再不能像封建地主那样享福了。

第 7 章　从勤俭起家的不可能说起
（社会变化的情形三——资本主义的几个特点）

在封建社会里面，人们都觉得勤俭可以起家，是至当不移的道理。到了资本主义时代，这句话就变成了胡说。

为什么呢？因为在封建社会里面，生产生活资料的方法，是手工业的方法。而资本主义社会，是机器工业的方法。

在手工业时代，假如有一个工匠，是毫无所有的穷汉，在别人家做帮工，凭他的体力和智力，以及勤勉和节俭的习惯，经过一些时候，也许就可以拿他的积蓄开一间小店，用自己的工具和原料，在自己的家里工作起来，而成为"生产手段"（工具、原料等项）的所有者。

但是，在机器工业时代呢？每一架机器的价钱就很大，再加上机器的使用，必须许多架摆在一起，才方便，才合算，因此，必须一口气买许多许多的机器，这一笔本钱，就更要得不小了。为了摆这许多机器，又要花费一笔本钱来建造厂房。工厂和机器布置好了，要开工的时候，还需要一笔本钱买原料，发工钱（这是所谓流动资本）。因为机器工业是大规模生产，这笔流动资本也是很不小的。这样看起来，假如有一个制铁的工人，他想积蓄他的工银来建立一个大规模的铁工厂，即使拼了他一生勤俭的努力，不也是和麻雀想吃天鹅肉一样的不可能吗？

勤俭既然不能起家，然则什么方法可以致富呢？

常听得有一句俗谚说："人无横财不富。"现在想要致富，是不能靠勤俭的，而是要靠劫掠与欺骗的方法。以刮地皮，打起发，敲竹杠，吃油饼（揩油），以及其他各种"巧取豪夺"的方法，弄来一笔冤枉钱做资本，然后才有资格开办一个工厂，才配成为一个"生产手段的所有者"。

假如说一个普通工人也有发财的可能的话，那除非中航空奖券吧。

说到这里，也许有人要这样辩驳："一个没有大资本的人，他买不起机器，他就预备一些手工工具去进行他的手工业，比方弄一张手纺车在家庭里面去纺纱，再用手织机织成布匹出卖，这样慢慢地发展他的营业，将来弄成一个富人，又有什么不可能呢？"

这完全是想错了。

在家庭里面纺纱织布，做出来的纱和布，没有纱厂布厂的纱和布那么好，花费的人工又太多，谁都知道是太不合算的生意。所以，农村中原来每家都有的手纺车，现在都搁置不用了，情愿去城市上买洋纱洋布。

这些年来，有些忧时爱国的教育家，提倡什么土布运动，想借此来挽回农村经济破产的趋势。他们到了现在，还想拿什么手工业的本领来抵抗机器工业，那简直是傻瓜！我们只有用民族革命的政治力量，来发展民族的机器工业和民众共有的机器工业，才是办法。

话要说回来，我刚才说，勤俭并不能致富，就是说明资本主义的一个特点，这个特点是生产手段归少数资本家所占有，而直接生产的工人，反而失掉了财产所有权，成为一个无产者了。

劳动者一失掉了生产手段，他就不能不向作为生产手段所有者的资本家出卖劳动力。劳动力在封建社会里面是一种贡品，农民是无条件地向领主贡献其劳动力的。但是在资本社会里面，劳动力成了一种货品。工人跑到市场上出卖劳动力，资本家跑到市场上购买劳动力。如果市场上卖劳力的人太少，而需要工人的工厂太多了，劳动力可以涨价；反过来，卖劳力的太多，而买的太少，于是劳动力又可以跌价。

在市场上买卖，完全是自由竞争的。自由竞争的结果，出卖劳力的工人很吃亏的。因为手工业一天天破产，跑到市场上卖劳动力的人，一天天多起来。农民失去了土地，也要出卖劳力。还有一点，因为机器是省人力的，机器一天天进步，工人就一天天从工厂里被裁减出来。再还有一点，因为资本主义的生产，要靠货品销行，才能周转得来。假如有一天货品滞销，就要停工减工了，而实际上，普天下的钱都被少数资本家赚去了，多数人没有钱买货，资本家的货又出得太快，常常要滞销，所以大批工人的失业就不可避免。从上面几点看来，出卖劳动力的竞争者，实在太多了。所以自由竞争的结果，工人就大吃其亏。

"自由！""自由！"多么好听的名词！这是资本主义时代叫出来的口号。但无产者出卖劳动力，随便资本家给他什么低贱的工价和苛刻的条件，都不能不忍受，否则就会饿肚皮，他的自由在哪里？如果说有自由，就是饿肚皮的自由罢了。

劳动力这种商品，在资本家看起来，也同机器、原料等等商品一样。比方开一个纱厂，在买了机器等项之后，又买了棉花，但还是不能开工，必须再买劳动力，然后才能开始纺纱的工作。劳动力买来以后，就和棉花等项一道消耗。

不过棉花的卖主，把棉花交割以后，听买主自用消耗，卖主和纱厂老板，就没有关系了。而劳动力的卖主，不能够把他的货品预先交给纱厂老板。在资本家消耗劳动力到生产上面去的时候，劳动力的卖主是要亲自到工厂去进行生产的。因此，当资本家要把他买来的劳动力，任自己的意思支配的时候，就连劳动力的卖主也一起支配了。

然而，劳动者在工厂里做工，没有权过问生产方面的一切事体，资本家说："工厂里的一切是我的，赚钱亏本，也都是我的，与你们毫不相干。"

劳动者希望的是增加工钱，改善自己的生活。资本家却想把工钱尽可能地减少，使货物成本减轻，好多赚一些钱。

劳动者和资本家虽然同在一个工厂以内，他们并不是向共同目的前进的伙计。他们的利害相反，他们的地位不平等。所以，无论那些社会改良大家怎样劝诱他们两方面合作，总是办不到，同猫和鼠的不能合作差不了多少。

工钱劳动，这是资本主义的又一特点。

资本家预备了多数的工具，大量的原料，雇用了大批的工人来进行生产，所生产的东西也是一大批一大批的。如果资本家自己来消费，如何用得完呢？其所以要大量生产，就是要把生产出来的东西作为商品，拿到市场上出卖。

资本家为什么制造商品来出卖呢？就是将本求利。他并不是恐怕大家没有衣穿，才开纱厂布厂的。假如他的纱和布，卖出去赚不着钱，就算人家因为没有衣穿而冻死了，他也是不管的。如果花费一百元的成本，生产出来的商品只能够卖到一百元，这种生产事业，资本家决计不会干的。

在封建时代，即手工业时代，比方一个农家，家里有一架纺车，一架布机，自己田里又种了棉花，他用自己的工具，自己的原料，织出来的布，主要的是给自己家里应用，除非有剩余（有剩余也不会很多的），否则不会卖给人家的。所以那时候的经济，被称为自给自足的经济，和资本主义的商品生产是大不相同的。

商品生产，这又是资本主义的一个特点。

商品生产，生产手段（工厂、原料、机器等项）归少数人私有，工钱劳动，这三项特点，如果少了一项，就不能称其为资本主义。同时，有了这一项，那一项也连带要产生的。

就在这中间来找判别社会形式的标准，我们就得举出工钱劳动，来和过去的奴隶劳动、农奴劳动加以区分。工钱劳动使社会上同时产生了资本家和工人两大集团，这就是新时代的新生产关系。

在这个关系中来进行机器工业的生产，生产力比照封建社会就特别向前发展了。

第8章　幸福与悲惨的同一泉源
（社会变化的情形四——自由竞争的功罪）

资本主义的社会，有一句流行的话，叫作"自由竞争"。这句话是和封建时代的"遵守行规"针锋相对的。

行规是什么东西呢？在封建时代，手工业城市的中间，有各种行业的同行公会，每一个同行公会，有它的章程，规定同行业共同遵守的事项，这就叫作行规。

比方，我们那个省城，有一个鲁班庙的公会，就是水木业的同业公会，还有一个轩辕殿的公会，就是裁缝匠的同业公会。类似这种公会，是不分店主店伙，一概组织在内的，每个会都有严密的行规，限定招收学徒的数目、工价、生产品的价格，以及销场等等。这就是手工业行规的遗制。

这种行规的用意在哪里呢？就是在于限制自由竞争，这与今日时髦的统制经济有几分相像。比方，限制招收学徒的数目，就是避免劳力过剩；规定一定的价格，就是不许任何个人把商品特别廉价出卖。

我们在手工业城市里面去巡礼，一定很容易看见墙壁上贴着"同行公议自某日起一律涨价若干"的字样，还有附加着"如有违犯，照章处罚"的字眼儿。这种限制私自减价的规定，在资本主义社会，简直是妨害营业的自由。因为资本家认为用减价倾销的方法，去战胜他的同业，是再合理没有的事。

假如有一个乡村中的工匠来到了城市，他必须先行加入这里的同业公会，在照章履行并缴纳会金等手续以后，才能够开始执行他的业务，否则必有被打或被驱逐的危险。这种统制劳动力的办法，在资本主义社会也是不容许的。因为资本家正希望有无限要求工作的乡下人，群集城市，大家竞争着出卖劳力，这样劳力的市价自然减低，而资本家就可以获得廉价劳力的供给。

还有一种规定：甲地的某种货物，一定只能销售乙地，丙地的同样货物，只能销售丁地。比方，现在为一般人所知道的盐运的引岸，就是规定芦盐销某地、淮盐销某地、川盐销某地等等，这也是封建社会的遗制。在资本主义社会，同样的商品即使出产于不同的地方，也都具有到同一地方来销售的权利。其结果是，哪一种比较价廉物美，哪一种就尽先售出了。这种精神，在资本家拥护自由贸易的时候特别显著。因为那时不仅对国内各地商品不分彼此，就是对于国外来的商品也"一视同仁"。

现在我们想一想那些手工业的行规，是多么妨害进步的东西！你看它替每地的生产品定好了销场，便使价廉物美的东西不能够独露头角，不能够多得销路了。它把劳动力的供给加以调节，则廉价人工不容易获得，尤其不能借长期失业者的威胁去鞭挞在业的工人，使其易于就范了—— 这一点，在资本家看来，是对于减轻成本的努力大有妨害的。

而且，如果处处由行规限制着，纵然有人发明了奇巧的技术，能够少费人工，多出东西，但是不能够任意增加工人，大量生产，也就不能够任意减低价格，夺取销路，那么，新的技术又有什么作用呢？又有谁肯采用新的技术呢？这一点，表现了行规对于生产力发展的妨害，谁也不能不承认的。

因此，一到了需要大量商品的环境产生的时候，行规就不能不被人打破。而资本家就把社会的正义，从“遵守行规”变成“自由竞争”了。

我们已经知道，要使生产发达，就首先要从自给的生产变成商品的生产。在手工业发达的时候，已经有了商品的生产了，但是市场还是很狭小的。这就是不能不由行会来限制生产的理由。比方一个小城市里，两个馄饨担卖者，碰巧来到一条街上，他们是不把担子摆在一处的，他们有什么“上三下四”的规矩，即是上隔三家，下隔四家，才可以摆设第二个馄饨担。又如剃头店的位置，在那城市里，也是不允许两家店铺排列一处的，他们有什么"上七下八"的规矩，即是上隔七家，下隔八家，才可以开设第二家剃头店。他们这种规矩，都是按市场的需要而产生的。

假使欧洲人不曾发现广大的海外市场，如美洲、非洲等，他们的工业未必进步得那么快。反之，假使中国人首先发现那些海外市场（假如有其不得不远征海外的内在的原因，而又有充分的可能的话），则今日的文明骄子，必定就是中国人了。

闲话少说，且说自由竞争盛行，行规没落以后，因为大家争先采用最新的机器与最便利的工作方法，使生产力大大地提高。这的确是人类文明的福音。然而自由竞争的另一方面，却又可造成悲惨的恶果。

因为自由竞争的另一特色，便是没有计划、没有组织的生产，又可以说是无政府的生产。为什么呢？各个资本家，预先不能知道市场上需要多少货物，也不知道别的资本家所生产的东西有多少，上面又没有一个同业公会来统制着，他们只管盲目地大批生产。等到生产成功，拿到市场上出卖时，才能从市面的好坏上面（即是大家竞争的结果），看出供给和需要是不是适合。假使价钱卖得起，这是象征着需要超过了供给，自然是资本家发财的机会，他很可以继续增加生产。

但是，假使价格低落，甚至完全没有人过问，这就使资本家不能不亏本，不能不停止生产或减少生产了。这种由于供给超过需要而发生的结果，是所谓生产过剩的恐慌。

在恐慌中，资本家亏本，还不打紧，他们还有饭吃，但是大批劳动者从工厂中被逐出去，挨饿受冻，那真是悲惨之至了。人是要生活的，到了这时，大多数人就会要从资本主义的矛盾中间冲出去，另找光明的道路了。

无政府的生产，是资本主义的两大矛盾之一。另一矛盾是劳资对立，那也是由无政府生产而加深的，已如上述。同时，劳资对立，又可以促进无政府生产的矛盾。

为什么呢？因为资本家以多得利钱为目的，工人以多得工钱为目的，要利钱多则工钱宜少，要工钱多则利钱必少，两下互不相容，这是显而易见的。还有最难解决的问题，就是工钱少的时候，大众没有钱买货，使资本家货不销行，终于发生恐慌，也赚不到利钱。这种矛盾，真是资本主义的致命伤。

资本主义常常发生恐慌，证明这种生产关系到这时候就妨害生产力的发展了。所以为着生产力的继续发展，资本主义的生产关系不能不破坏。资本主义两大矛盾的解决，就是资本主义的灭亡。

不过在自由竞争发展的过程中，又产生了独占：由于独占，一方面消灭了某种范围内的自由竞争；另一方面更加紧了较大范围竞争的激烈程度。这种复杂情形，这里暂且不说。今天以论自由竞争的功罪为限，借此示明现代文明的幸福面与悲惨面，是出于同一泉源，似乎是有些意味的。

第9章　消灭了自由竞争又怎样?
（社会变化的情形五——独占资本是不是救世主）

资本主义的后期，自由竞争是没落了。这时候独占的原则统治着资本主义社会。

竞争是怎样变成独占的呢？这并不是某个个人的发明或创造，而是事实发展的结果。

当两个资本家走到市场上去竞争的时候，他们的力量是有大有小的。资本雄厚的，他可以特别降低他货物的卖价去夺取买主，直到他的竞争者无力支持的时候为止。结果，资本比较小的，便不能不失败，而让较大的资本夺去他的市场。

好像竞技比赛一样，最后一个优胜者，他把所有其余的资本家都打倒了，而自己成了一个"资本之王"的时候，他就可以任意提高他的商品价格了。只要是一般人民所不得不消费的东西，便是卖价贵了一些，人们也不得不买。

这种价格，就被人叫作"独占价格"。现在资本家在世界市场上，还没有完全做到由"独占价格"来支配，可是在一个国家政治势力的支配范围之内，"独占价格"早已成立了。

上次世界大战当中及战后，中国青年到法国去的很多，据他们说，当初以为法国货是在法国买就价钱少些，不料事实上不然，在上海买法国东西，比在法国买还便宜得多。这不是出乎情理之外么？

其实不仅是法国货这样，一切帝国主义的商品都是这样，在国内利用关税的障壁把外来的货物挡住了，可以维持很高的"独占价格"，但到了国际的市场，比方上海，因为遇到许多的竞争者，便不能不跌价出卖，并且唯恐其不跌到比人家的还低。

资本家用跌价的方法去排挤竞争者，这有个时髦的名词，叫做"倾销"。"倾销价格"的特别低廉，和"独占价格"的特别昂贵，二者相映成趣，其实两方面是有关系的，因为"倾销价格"的损失，是要靠"独占价格"的厚利来弥补的。

至于"倾销"的用意，也不过是达到新的市场独占的一种手段。按照这种用意，不把竞争者完全排出市场，是决不休止的。但是，有时候因为双方势力都很雄厚，势均力敌，大家觉得长期的低价卖出也不会打倒了谁，徒然便宜了那些买货的人，倒不如相互间妥协起来，公订一个价格，并且把销场也分配一下，彼此不相冲突，岂不是好！这样，他们的"倾销"也可以中止，一变而为"独占"。

比方，德士古、美孚、亚细亚等等火油公司在上海，当他们彼此跌价的时候，我们也曾买过几次廉价的火油，但是，一旦他们公议涨价，我们走到任何店，也买不到廉价的火油了。

当资本家只剩下少数巨头的时候，常常是用联合的方式来形成独占的局面。而这少数巨头的产生，则由吞并或联合的方式而来。

他们的吞并或联合，是无止境的。同类的事业可以合并，比方，几个炼钢厂合并为一，这种事情是容易想象的；但不同类而互有关系的事业也可以合并，比方，炼钢厂和煤矿铁矿的经营，统一于一个公司，这就进了一步了。然而一个资本巨头，他可以把各种不同类也不相关（不直接相关，如煤铁为炼钢的原料之类）的事业都放到他的掌握之中；就是一个财政集团支配了许多许多的公司，像日本的三井洋行一样，其所支配的事业有银行，有保险业，有铁路，有轮船，有仓库，有水电，有采矿冶金，有纱厂、布厂、丝厂，有钢铁、五金、机器的制造，有肥料、苏打、水泥等化学工业，有制糖、炼乳、制油、制茶等饮食物的工业，还有推销各种商品的物产会社。照这样看起来，只要是可以投资的地方，都可以由其一手包办，是不是包括很广大呢？

构成这种广大的联系，很大程度在于银行的力量，因为银行把社会上的大小货币资本集中起来，而由几个资本巨头来操纵，运用到各种有利的事业上去。那些资本巨头，一方面是银行家；另一方面又是大产业的经营者。银行老板常常和工厂老板是同一个人，这就象征着银行和工业的紧密结合。这一结合，使许许多多的事业都由财政上的关系而成为一体，也就是成为少数财阀所操纵的对象了。

资本主义到了这个阶段，能够消灭自由竞争时代的一些缺点，比方对于世界销场的估计、原料来源的支配等比较高明。尤其是在一国范围内，简直可以适用统制经济的办法来限制产销的数量了。照这样看来，岂不是资本主义自身可以进化到超过资本主义的高级社会吗？

那却是大大不对的。所谓比资本主义更高级的社会，无疑是有组织的，那时的生产事业，应当是按照整个计划去做的，但是那时的计划经济，可不是和独占资本一样。我们刚才不是说过在独占资本统治的地方买东西特别贵吗？这就证明独占资本的害人不浅了。将来那个社会的计划经济，由于不是为少数资本家谋利而计划，因而不至于使大众吃亏。那种社会，是不能够由资本主义自身蜕变的，人类只有有意促成资本主义生产关系的破坏，使新的生产关系从而产生，新的社会才会到来。

独占的资本主义，无论如何，还是资本主义，它不会抛弃资本家和工人的对立关系，这是资本主义的生产关系。

在独占资本统治之下，工人大众的贫穷（即大众购买力的薄弱）妨害了资本家商品的销行。但是，如果为提高购买力而大量增加工资，则资本家的利润又减少了。这个矛盾，他们没有办法解决。

而且，独占资本的独占，还有一个独占全世界的问题没有解决，那就是每个资本国的资本集团为着这个问题，都是拿国家的力量作后盾。国家的力量就是武力，所以为着独占世界的努力，要导出无数的残酷的战争。而战争却是毁灭人类文化，毁灭大众的生命，困难大众的生活的。

总而言之，在独占资本时代，还有剧烈无比的经济战斗，只不过由集团战斗的形式代替了个人的竞争罢了，而国际间残酷的武装战斗，更属空前的产物。这实在比照自由竞争时代，更没有秩序。

假使说，自由竞争曾经造成恐慌，那么，独占资本也不曾防止了恐慌，反而是将普遍的危机和长期的危机摆在眼前了。

这自然，一部分是由于"天下尚未统一之故"。假使某一个资本集团，真的统一了全球，而达到了绝对统一的境界——这自然不可能，即使可能，人类也将为战争所吞灭了——似乎可以天下太平了。

其实，即使如此，也还不能太平，因为另一部分的原因更重要，即我刚才指出的资本家和工人的利害矛盾，那是只要资本主义存在一天，就免不掉的。

我很相信，即使一国的资本家把全球吞并了，他也要埋怨生产过剩的，也要闹经济恐慌的。原因在于资本家的商品是要大众购买的，而大众购买力是决不能十分提高的。如果大众常常可以买完资本家的货，则资本家所发的工钱一定太不合算，而资本家也无利可图了——这样，资本主义也不能维持下去。

如果不变革生产关系，纵然消灭了自由竞争，还是消灭不了恐慌。消灭不了恐慌，即是天下不会太平的征象。

要得世界再太平，除非消灭现存的生产关系，让生产力在新生产关系之内去自由发展，也就根本不闹什么"恐慌"战争的毛病了。

第10章 化私为公的新社会
（未来的大同社会的特征）

假使你相信世上的事是常常变化的，你就不会觉得将有一个新社会到来的话是梦话了。但是这个社会是怎样新的，我们不能详细知道，我们也用不着详细地描写它，因为恐怕我们现在凭自己头脑想象出来的图画，不合于未来的事实。我们所能知道的是：新社会是没有资本主义社会这样的矛盾的。

资本主义社会最主要的矛盾，就是共同生产和私人占有的矛盾。比方一个纺纱厂，聚集了几千个工人来共同生产棉纱，但生产出来的棉纱，被作为厂主的私有物了。厂主不管贫苦的大众在寒冷的天气之中，衣裳是怎样的单薄，他只知道要赚钱，要抬高纱价；假使纱价一跌落，他就情愿把几千个工人制造出来的棉纱都烧掉了，也决不愿意给那些快要冻死的人们去做衣裳穿。

但是新的社会就没有这类的事了。新的社会里面，凡是由社会上许多人共同生产出来的东西，就作为社会共有的东西。因此，这些东西，必须给社会上需要这些东西的人去用。纺纱厂纺出来的纱，是必须给身上衣单的人去织布缝衣的。

现在厂主的道理是：他投下了血本，所以他有权来支配大家生产的东西，尽可以不顾公众的需要。什么是他的血本呢？主要的是生产工具、原料等项。一到了新的社会，这些所谓血本的东西，全然归社会所共有了，谁也不能主张是他的血本，所以也没有谁敢占有生产品。

假使是在手工业时代，这种私人所有权的主张，就比资本主义社会要来得正当一点。因为那时候，一个工匠，用自己的工具独立地生产，所生产出来的东西，他当然可以主张他的私有权。或者一家人家有自己的手纺车，这个家庭里面的妇女纺出来的纱，就可以认为是这个家庭或这个妇女的所有物。

但是在资本主义的社会，许多工人共同在纺纱厂做出来的纱，当然谁也不能认定哪一包纱是他自己一个人纺出来的，而只能认为是大众纺出来的。至于厂主，他完全没有参加劳动，就不应说是他做出来的；就算一部分资本家，他参加了事业的管理，可以说他有和一个工人同等的权利，但为什么可以完全把所有权归之于资本家呢？就算他投下的资产是应当收回的，但是在投下一万元资本之后，收回去一万一千元，那多余的一千元的东西，完全是大众造出来的，资本家居然也拿了去，不怕难为情，这不是太没有道理了吗？

到了新社会里面，人人都为大众而劳动，也受着大众的给养，每个人都觉得要靠公共集团才能生活，自己不过是集团中的一员，并不知道说："我凭着个人的财产，可以特别的与众不同。"——因为根本没有个人的财产。

同时，那时候的人，也只觉得大众所有的一切，就是自己所有的；自己每天的工作，都是为着大众，也就是为着自己。并不像在资本主义社会，工作是替别人（厂主）做的——完全听别人的强制去做，自己和机器一样呆板地动着，不许用脑子想。新社会的筋肉劳动者，也有用脑子的权利。

将来的新社会，把共同生产的东西，也共同分配了，把社会的生产物作为社会共有物了。因此，共同生产与私人占有之间的矛盾就解决了，就消灭了。但是所谓的共同分配，并不是由几千个纱厂工人去平均分配一个纱厂生产出来的纱。假使是这样，这几千工人就只有衣穿，没有饭吃了。

也不是把用生产出来的棉纱交换得来的东西，全部都给这几千工人消耗光了。假使是这样，那个新社会就没有一点儿积蓄的资料去发展生产了。

那时候，根本就没有交换，一切工厂的出品，不管是纱厂的纱也好，钢铁厂的钢铁也好，都得交给一个总的机关去分配。这个机关，它必须管理全社会各种各样的出品，了解全社会各种人民的需要，于是它便可以按照大众的需要来分配各项东西。

同样，为着计划生产，也必须有一个总的机关来执行。比方关于纺织工业，这个总机关，它必须调查全社会需要多少布，多少布就需要多少棉纱，因此应该支配多少人的劳动力去做纺纱工作，多少人去做织布工作，以及纱厂布厂应该开设多少，具备多大的规模等等，都可以由它计划出来，其他部门也是这样。这种计划，生产的计划和分配的计划是相联系的、相适合的，而生产的计划是计划的基础。

在一个纱厂里面，不待说，根据总的计划，又可以进行一厂内的生产计划。不过，无论在一个工厂还是在全社会，这种管理生产、管理分配的机关，并不是站在工人大众以外的组织，都是劳动者自己组织起来的。

因为生产力尽量发展，全部劳动生产物除了劳动者充分享用以外，还有很多的剩余。这种剩余的东西，就用它来发展生产，增进文化。换句话说，全社会的劳动力，并不通通用来种田、织布、做面包，而是要用一部分来制造那种吃不得穿不得的机器，也还要用一部分来创造艺术和科学。不过，这不是要继续旧社会劳心劳力的对立状态，而是要废除它。因为在新社会，每个劳动者的工作时间减少了，而文化水准又提高了，所以一个劳动者又兼作艺术家或科学家是很平常的事。

新社会的劳动本身，也不是一件苦差，而是一件乐事，一种艺术，一种游戏。那种劳动，不是卑贱的，而是有名誉的，自主的，自由的。那种社会的劳动者是机器的主人，不是机器的奴隶。每个工人，不是盲目地服从机械，跟着机械去动，而是了解怎样驾驭机械，使机械服从自己的意志，便利自己的工作，减轻自己的劳力。

资本主义社会虽然也使用机器，但是并不使劳动者的工作轻松一些，并不使他们的生活舒服一些，反而因为机器不关的缘故，延长了工作时间，又因为连续自动的装置，能够不断地供给工作材料，连带着运转工作材料的缘故，把劳动强度加强了，弄得工人们异常紧张地注意着他们迅速不断的工作，不能偷一歇歇儿的空，这对于劳动者的身体有莫大的伤害，要缩短他们寿命的。

而且，纵使一架新发明的机器，能够提高工作的便利与效率，但假如价钱太贵，用起来不合算的话，资本家是决不肯用的。

但是在新社会就不是这样，只要能够使工作轻便一些，这种机器就要被采用的。

总而言之，新社会的劳动者是为自己造幸福，不是为自己造贫穷。旧社会的劳动者是为资本家造财产，而为自己造贫穷、造痛苦。

　　不过新社会还是在旧社会里打下基础的，这就是集团劳动的制度。这种制度是封建时代所没有的，封建时代只有几个人在一处劳动的手工业。到了资本主义社会，集合千万人在一处劳动，再加以使用机器，生产力就飞快地发展了。不过集团劳动和机器的好处，要到新社会才能够充分地表现出来。在那个社会里，生产力犹如一匹不羁之马，向着广袤无边的大道前进着。

第11章　社会是不是由家庭集合而成的？

（家庭的起源——谁制定嫁娶？）

中国的圣经贤传上，说了不少齐家治国的道理，小学生即使不读经，在那些教科书或补充读物中间，也可以读到一些"积个人而成家庭，积家庭而成社会"之类的文句。究竟社会是由家庭集合而成的吗？国家的产生是由许多家庭的结合而产生的吗？这都是很值得考虑和研究的问题。我们现在且把"社会是不是由家庭集合而成的"这个问题来检讨检讨。至于国家的产生暂且留到以后再说。

要谈到这个问题，首先不得不把家庭的含义弄清楚。在一般人的脑子中，所谓家庭，是以一夫一妻制的婚姻为基础的。中国的封建家庭，包含了一夫多妻制，但许多妻中间，必定只承认一个为正式的合法的妻，其余的姨太太，至多不过占有半个主子的地位而已。故根本上还是一夫一妻制。

中国的一夫多妻制或一夫一妻制，正如中国的封建社会结构一样：已经绵延了几千年之久。但是在历史上所谓的圣人们还没有出世以前，是不是老早就有这样的婚姻制度呢？

我们无须去作烦琐的考证，只要看看书本上所记载的传说，就可以答复，最普通的传说是："上古之民，猱猱狂狂，民知其母，不知其父"和"伏羲氏制嫁娶，以正人伦之始"。试问民知其母，不知其父，是为了什么原因？这不是明明显显地说明上古时代没有一夫一妻制的婚姻么？人们其所以不知道他的父亲的缘故，正是因为他们的父亲太多了，想要找出真正的父方血统是不可能的呀！

至于伏羲氏制婚娶，并不是真有一个什么人颁布了婚姻制度，然后人们才实行嫁娶，不过说明到了所谓伏羲氏的时代，人们才开始建立固定的夫妇关系罢了。但我们从这一句话，至少可以看出在所谓伏羲氏的时代以前，是没有像目前一样的婚姻制度的。

既然没有一般人所谓的婚姻制，便不能有一般人所谓的家庭。

但在那没有家庭的时代，是不是就没有社会呢？社会是人们在生产劳动中所构成的关系的总体，原始人类也和现代文明人一样，是不能不需要的。因为人类在毒蛇猛兽的包围当中生活，在种种恶劣的自然环境当中生活，并不只是和虎豹一样靠它们尖锐的脚爪和牙齿或深厚的皮毛之类，而是主要靠的是合群的力量。

当人们还只知道用采拾果实等等的东西来充饥的时候，他们就不能不成群结队地生活了。进而茹毛饮血，就更不能不成群结队地去打猎了。这并不是完全凭着现代人的猜想来武断地解释古代的传说，而是有事实证明的，近代研究世界各民族生活的学者或著作，早已搜集了无数野蛮人的例子。

比方：澳洲土人，在举行打猎或采拾果实的时候，便如蜂蚁一般地集合起来，共同操作。在平日，便分成几个小组，每组不过十人或十二人，散开居住。这十多个人中间，有男人、女人和小孩子等等。

人们从事生产劳动，最低级的方式就是单纯的协力。所谓单纯的协力，便是各人做着同样的事，并不分工。比方几个苦力协力地扛一块石头，便是这种方式。到了进一步的时候，便知道分工了。比方男子从事战争，女子便担任生产工作，如耕种、畜牧等。社会越进化，分工越精细。不但是农工商各有专业，即在同一个工业界，便不知道分出了多少行当。到现在，同一个工厂，不知有多少种类的职工。

人们的劳动，一旦分了工，便不能不互相依赖，如农人要依赖工人织成的布作衣裳，工人要依赖农人种出来的谷子做饭吃，这是很显然的。但即使还没有什么分工，而只是单纯的协力，也明白地表示人们不能单独生活，因为凭一个人的力量不能猎获一只野兽——在工具不良的时代——正同一个苦力扛不动一块大石头一样。

所以，在人们还没有过着一般所谓家庭生活的时候，已经过着社会生活了。那么，社会不是由家庭集合而成的，不是很明显的吗？

不过，在上古时代，人们也不能没有性的生活。那时候既然没有现在这样的家庭，那么性的关系成了个什么形式呢？

这就是一般所谓的乱婚与群婚制度了。最初，在一个群体之内，所有成年男女相互间的关系，都是夫妇关系。到后来，才发生了限制，于是同胞的兄妹和姊弟之间，就不许实行性交；慢慢地把范围扩大，便是从兄弟和从姊妹也不好结为夫妇。虽然有了这种限制，但男女关系还不是一对一对儿的。所谓大姨夫兼作小姨夫，在当时并非笑话，而是普遍的事实。在对联笑话中有祝母寿的两句说："天增岁月娘增寿，春满乾坤爷满门"，这在近代不但是笑话，而且是刻毒的骂人的话，然而把它移送上古的人，就最恰当不过了。

现在一般拥护封建道德的人，倘若人家说他的女儿同时和两个男子发生性关系，他就认为奇耻大辱；倘若人家说他的母亲也是这样，他更要同人家拼命了；倘若说他几十代或几百代以前的祖先是没有贞操的，他的愤慨也毫不减低，甚至更增加起来。他怎么料想得到几百代以前的祖宗，正是不讲贞操的人呢？

从不讲贞操的上古社会，到变成了注重贞操的奴隶社会以至封建社会，这并不是什么圣人制嫁娶的功劳，而是财产制度改变的结果。

上古社会，财产是社会共有的，因此，人们的儿女不必分属于各个人，以为继承私产的准备。到了奴隶社会与封建时代，财产是私有的东西了，小孩子再也不能作为社会的小孩子，而必须隶属于各个财产所有者——他们各人的父亲，然后便于继承遗产。为了这个缘故，他们的母亲也就只能固定地当作一个财产主的老婆了。

第12章 爱情不用黄金买
（婚姻的进化）

"爱情不用黄金买"，这是本年二月十八号《时事新报》一则新闻的标题，内容说的是苗族的婚嫁风俗。据新闻说，在苗族社会里，男子不必以金钱去购买爱情，女子不必以美貌作商品，一般都是在山野中天然撮合的。支配这天然撮合的因素，便是山歌。青年男女在山野中能互相望得清楚的时候，女的便用娇嫩的喉音，唱出敬爱男子的歌音，男子也同样应和着爱慕女子的声调。一直等这歌音吐尽了心底秘密，刺痛了双方爱液，打动了彼此的心坎，便到了成熟时期。

这时候，他们直率地以大宇宙作小洞房，绿草代替绒毡，岩石权作枕头，开始度那一生中最神秘、最甜蜜的一刹那，也就是订婚手续的具体完成。

当订婚手续由男女本人弄清楚后，便由家庭选择结婚的良辰吉日。结婚的仪式极简单，他们不拜家神，只拜天地。第三天，新娘一清早穿好了衣服，就得回娘家去，直到肚子里怀着私儿，才再回男方家来，重度夫妇的甜美生活。

这一段记事是贵阳的通讯，自然是写的贵州苗族生活。记得我从前有一个同学，是湖南辰州人，也曾经告诉过我湘西苗族的婚姻风俗。他也是说，在那艳阳的春天，许许多多的男女都到野外去唱歌，唱到情投意合的时候，便手牵手一对对儿地回到家里去。参加唱歌的并不限于苗族，便是汉人，如果高兴去唱，同样也可以唱得成双成对，满意而回。便是他自己的伯母，也是一个苗人，是他的伯父以山歌作媒介娶来的。

由此看来，苗族的婚姻风俗，的确是"爱情不用黄金买"，这是何等进步的两性生活呢！在封建社会里面，两个素不相识的男女，全凭所谓"父母之命，媒妁之言"撮弄在一块，不理当事人愿意不愿意，便要他们偕老百年，那是根本谈不上爱情的。在资本主义社会里面，恋爱是神圣化了，可是爱情受着金钱支配，好像笼中的鸟，并不能够自由舒展一下。试问，只认黄金不认人的爱情，还算得真爱情吗？要有真爱情，除非是让爱情从金钱的魔力之下解放出来。那么，"爱情不用黄金买"的苗族婚制，不是比资本主义社会更进了一步吗？

所以那位通讯记者写了这么几句感慨的话："世间的事，多半都是矛盾的。都会中的女子，整天喊着'自由''恋爱''解放'，但实际上这些动人的口号，都在金钱的火焰下溶解了。相反的，苗族妇女的智慧好像还停滞在游牧时代的阶梯，她们现实的各方面环境，则超越了二十世纪的尖端，在婚姻上和一切的关系上，都过着最近代、最解放的生活。"

这是奇怪的事吗？倘若你不凭着她们的智慧去推论，一点也不会觉得奇怪。因为恋爱自由的实现，并不决定于妇女们的智慧，而是决定于人类社会的物质环境。换句话说，就是决定于人们的经济生活。

在资本主义社会，无论是吃的米粮，穿的布匹，以及各种各样的劳动生产品，天天是被人们用轮船火车运来运去，为的是卖钱。在这种社会生活，一天也少不了钱，因为无论什么，都得用钱买。追根究底起来，就是因为生产物品的时候，都是一大批一大批地造出来，专门卖给人家的。这样，买来卖去，就是人的劳动力也变成了商品，按照市面上的工价来买卖。这个社会里面的爱情，又怎能逃出买卖的圈子呢？

现在的一般摩登小姐，喊着"恋爱""自由""解放"，并不含有从金钱支配下解放出来的信念，生在半封建社会的她们，不过是不愿意受封建家庭的拘束，想由自己来出卖爱情罢了。她们每天搽着脂粉香水，穿着时式衣裳，恨不得超过一切其他的女性，不待说，是想在爱情的市场上加强竞争的力量，好去打败她的竞争者。便是在学校的功课上很努力，读了中学想读大学，读了大学又想出洋留学的女知识分子，又有几人不是为着提高自己的爱情卖价，准备将来成为一个挺有钱的官僚或资本家的太太呢？

不过这当中似乎有些奇怪之点，就是爱情的卖方常常是女性，而买方常常是男性。如果我们从人的智慧去求理解，这又是永远搅不清楚的。因为不论是不识字的妇女也好，还是外国大学毕业的妇女也好，一般的只是以出卖爱情为归宿。这就是因为眼下是男权社会，财产权是属于男子的，建筑在财产权上面的家系是男系，不能不承认女性是为着作男性的贤妻良母而生的缘故。

至于苗族妇女，她们的社会环境并不是资本主义的，她们那儿，金钱并没有权威。而且，她们也不是生在封建社会，她们并不感觉有礼教的束缚和家庭的压迫。她们是生活于封建以前的阶段，或者刚刚过渡到封建社会，所以还保存着那种"爱情不用黄金买"的古风。

"古风"！难道她们不是"过着最近代、最解放的生活"吗？不是"超越了二十世纪的尖端"吗？在这一点上，我们不能不认定除未来社会外，封建以前的社会也是自由而且平等的。否则便不能理解了。

封建以前的社会的财产，是氏族集团的共有物。集团内的成员，不论男女，谁也不能利用经济上的优越地位来支配别人，因为根本没有个人所有权存在。

因此，那个两性关系也就是集团的——这和目前的集团结婚不同，目前是几分钟仪式的集团，古代是永久的两性生活的集团——就是到了过渡时代，私有财产慢慢地产生，集团婚将要变成一夫一妻制了，那时候两性生活，虽然有了配偶，也还不是固定的唯一的夫妻，这是所谓对偶婚的时期，除了本妻本夫之外，每个男人或女人，都必须和旁的异性发生性的关系。

那么，现在苗族的新娘，要回去怀着私生子再来，也就很容易解释了。为什么呢？这正是保持着古代的遗风，不敢把性的关系一下子完全变成两个人的私事，而必须把它相当地"与朋友共"，似乎只有这样，才没有过分地违反民族社会的成规，才对得住亲戚乡党一样。

我还想过，我们乡下的结婚，有一种闹新房的风俗。在结婚那天，任何来宾都可以调戏新娘子，而且有什么"三天不分大小"的口号。在这三天之内，便是向来大干厉禁的夫兄和弟妇打趣，侄儿和婶母开玩笑之类，都不打紧，简直是把封建礼教暂时搁起，这倒是什么缘故？恐怕这仍然是封建以前社会的遗风，留下一点残痕，遇着机会就表现出来了吧。

至于苗族婚礼的不拜家神，只拜天地，这又可见他们没有像汉族所信奉的这种宗教——祖先崇拜，这大概是由于他们地下的家长，既然没有支配子女终身大事的封建权威，自然天上的家神也管不了人间的祸福吧——不，在他们看来，恐怕人们的脑子还没有制造家神出来哟！

"爱情不用黄金买"，这种精神的幸福，我们不必向苗族社会去寻求，只要使现代社会前进一步，就可以普遍地实现。而且在那高级的社会里面，不像苗族的仅有精神的自由而缺乏物质的享受，乃是精神的和物质的幸福同时到来，那岂不是更令人企慕着吗？

第 13 章　家齐而后国治吗？
（大家庭和小家庭）

"家齐而后国治"，是封建时代的口号。因为封建时代，把家庭当作经济的生产单位，只要靠着"男耕女织"，弄得"家给人足"，便可以"国泰民安"。

封建家庭里面，家长和一家男女的统属关系，正和那领主和农奴的统属关系一模一样。领主对于在他土地上劳动的农奴，有绝对支配的权力。同样的，家长对于一家男女也有绝对支配的权力。因此，反过来看，领主又可以当作农奴们的大家长。

现在某些乡下，还有一句俗话说："东佃如父子"。由此可见，至今地主还可以说就是站在农民头上的大家长。再推到从前的君主，把"天下"当作一家，便是自充全体臣民的最高家长了。

从前所谓"君要臣死，不得不死；父要子亡，不得不亡"的话，是表示大小家长的权威。又有"君虽不明，臣不可以不忠；父虽不慈，子不可以不孝"的话，那是拿来培养臣民或子女的无条件服从性——就是培养奴隶道德的。

在领主或君王方面，实际上为缓和下面的反抗，也不能不有一种主人的道德——仁慈，不过他们要强调的乃是"为臣尽忠，为子尽孝"。同时，他们认为"忠"是"孝"的扩大，所以有什么"移孝作忠""求忠臣必于孝子之门""先王以孝治天下"等等的道理。

所以"家齐而后国治"就有两点意义：一点是每家生产的谷子布匹都可以自给，全国人都有饭吃有衣穿；一点是每家的家长都有权威，能够维持一家的统属关系，同时全国如同一家一样，臣民也在最高家长之下，安然无事地守着自己的身份，过着被压迫被剥削的生活。

我们现代的中国人，为什么还有许多提倡"家齐而后国治"的呢？这就是因为他们中还有一些人，满脑子装着封建意识的缘故。他们以为，需要一个有权威的大家长来管理国家，这样全国的人民就不必过问国事，只要和封建家庭的子女一样，无条件地听着家长的支配和剥削。如此一来，我们的国家就会强盛起来——不，是把汉唐时代的规模复兴起来。为了达到这个目的，不待说，又必须从每一个家庭去维持或恢复家庭的权威，去训练妇女们、子弟们的奴隶道德。

当然，他们所谓的齐家，是不能不立足于大家庭制度之上的。

所谓大家庭制，是一家之内，包含两对儿以上的成年男女（夫妇），他们共有着财产，又同居的。同时，这种家庭是必须与氏族的组织相联系的。换句话说，他们是聚族而居，而且有祠堂或家庙的组织。他们一族中的尊长，是具有支配卑幼的权威的。

这种家庭与氏族制度的背景，是安静而不变化的农业社会。换句话说，他们家族内的成员，每个人都应当依靠农业劳动而生活。便是靠剥削他人而生活的，也应当以剥削农民为限，而且以封建的剥削方式为限。

为什么呢？因为只有这样，他们才可以聚族而居，才可以"九世同居"或"五代同堂"地共有着财产，而那些保有着传统知识的老年人，才会保持着他的权威。

但是，在今日的中国，是不是应当保持这种旧家族制度呢？是不是有保持它的可能呢？

有人说："氏族制度为我国社会组织之中坚，国家社会之安宁秩序，得氏族制度之维系者，关系至大。最好办法，似应根据原有乡村氏族之势力，因势利导，除旧布新，使年高望重之豪绅，首为之倡。"（马寅初《中国经济改造》六二八页）这是主张保持旧家族制度的。他们固然希望"除旧布新"，即希望资本主义化，但对于封建的秩序也不想破坏，仍然希望可以代表封建权威的豪绅来执行"除旧布新"的任务。

但比较进步一些的人，就觉得"中国之社会组织，始终拘泥于终古不变的家族制度，此足使力能造成世界新工业地位之私人企业，为之濡滞不前。盖徒知崇法先贤之顽固思想，而不顾进化之自然法则；奖进财产之集团消耗，而不事私人资本之积储。遂致新式工业无由发展"。（方显庭《中国之工业化与乡村工业》，载于《大公报》）不管说这话的人能否勇敢地说出他的结论来，就逻辑上推论，这是主张破坏旧家族制度的。他们认清了豪绅们的顽固思想是妨害工业进步的，因为那些人只崇拜祖传的技术和祖传的制度。他们的剥削方式又是超经济的，他们借着特殊的权威，专门分利，对于农工的过度剥削且不用说，便是他们自身的大家庭，更是"一个人挣钱，大家用钱"的制度，这种集团消耗也很妨害私人资本的积蓄——严格说起来，封建家庭是不许有丝毫的私人积蓄的。

在封建家庭，就是最有权威的家长，他也不能依着个人的意思，自由处分财产，因为财产是一家共有的，哪怕是由他一个人挣来的钱，也天经地义地成了共有物。所以他如果要处分他的财产，不能不取得全家成员的同意。

然而还不止这点，一个人要处分他的财产，便是邻近的家族，也非得去征求同意不可。买卖田宅的文契上面，写着什么

"父子商议……尽问亲房,俱称不受,卖与……"的话,明显地表示着:旧家族制度,是如何限制了个人的财产权。

而且,旧家族制度,无视了在家长、族长治下许多成年男女的独立人格,因而减少了许多能为国家社会服务的活动分子。

旧家族制度,一方面限制了多数国民的活动;另一方面又把人们的毕生努力,引导到"兴家业,光门阀"的上面去。任何有聪明才力的人,一生在亲族纠缠的当中过去,如果不是站在被剥削地位多做如牛马的劳动,那么,他就借着升官发财的机会,"任用私人""大括地皮",以适应其亲族共存共荣的需要。

这样,旧家族制度,既妨害了民主政治,又支持了官僚政治。

大家庭的没落,无论在经济上在政治上,都是现代中国的客观要求,这难道不是很明显的吗?

最近在《大美晚报·火树栏》见有一篇《分家有感》的文字,也是赞成小家庭制,说大家庭至少有"倚赖"和"骄奢"两个毛病。这两个毛病自然就是"集团消耗"的结果。不过那篇文章对于小家庭的特点没有多说,是不是和一般人一样,认为"兄弟娶了妻就分家,便是小家庭制",则不知道。

我以为小家庭制的精神,是个人主义。如果不把资本主义的个人主义充分发挥,则封建家庭的残渣是依然存在的。谈到个人主义这一点,首先要使每个人有处分其财产的权利,这不但是不要受同居共财者的限制（这种限制一分家就没有了），就是不同居共财的"亲房"，也不要受其限制。比方，要出卖田地之类，尽可以不问亲房而卖给外姓。一个人有权任意处分他的遗产，假使他的遗嘱，完全不将财产留给他的儿子，他的儿子就不能继承。把婚姻当作个人的事，不当作整个家族的事，因而儿女长成，不待嫁娶，就使他分居，去自谋生活。分居以后，儿女如果要父母的资助，不妨斟酌情形，采用赠予和借贷两种形式。父母需要儿女赡养的时候，儿女是用他们自己的财产来赡养父母，而不是把财产权与父母共。

这样，才是彻底的个人主义的家庭制度。那种"为儿子娶媳妇""将个人财产给儿子们或兄弟们去分家"的办法，还是大家庭的旧精神啊！

把这种个人主义推而广之，则一个人的升官发财，可以不是为着光大一个氏族的门阀（实际上就是有引用同氏族的人去分一部分利益之义务），而像湖南某厅长初上台的时候，没有任用许多同族同乡，以致大受同族人责备，要他退还过去祠堂所帮的学费，那样的现象，也就可以完全不发生了。

个人主义的毛病自然很多，特别是那种自私自利不顾别人死活的精神，一发挥起来，不免"骨肉变成路人"，所以国粹论者常常指斥欧美人的"儿子是富豪，父亲当乞丐"之类的事。其实时势所趋，是不分东西的。像中国这个在没落道路中的旧家庭，还不是也常常发生至亲骨肉为争财产而成仇敌的事吗?

翻开两天以来的报纸，就在社会新闻栏内发现许多家庭纠纷的题目，比方，×××宠妾虐妻，被妻控告呀，×××老境苍凉，控子媳等遗弃呀，老妇控媳妇侵占共有财产呀，××以侄杀婶呀，××控庶出兄弟侵占财产呀，××以继母而受前子的虐待呀……种种的纠纷，无不是为了财产而起。大家庭没落过程中这种"骨肉也成仇敌"的现象，比之小家庭的"至亲视同路人"，实在还坏得多。由此可见，大家庭制是再不能延续下去的。

本来封建时代，大家庭的标语是一百个"忍"字，"百忍"是"九世同居"的条件，这就表示着内部的冲突非常厉害，不过当时因为没有资本主义的出路，个人主义只好暂时屈服着，但现在环境一变，好像开笼放雀一样，当然尽力飞出，还能让你关起它来吗?

个人主义虽然有毛病，但要想用旧集团主义（即封建家族制）来挽救它，只是一种幻想罢了。

"齐家"可以"治国"的原则，一到了封建社会崩溃，市民社会产生，它就转化为"齐家"妨害"治国"了。家族制度拥护论者的先生们，不要落在时代的后面吧! 为促进社会的发展，只有提倡用个人主义的小家庭制来尽量破坏封建的家庭与氏族制。至于要清算个人主义的毛病，那是要靠废除一切剥削关系的新集团主义的。

第 14 章　个人享福的秘密
（社会阶层的产生和消灭）

许多中国绅士所住的房子，大门口墙上都有一个很大很大的"福"字。每个保持了传统思想的中国人，也是每天在盼望着"享福"。平日说客气话恭维人家，也照例是说："您福气好呀！"

假使问：具体说起来，福气到底是什么东西呢？所得到的回答就是：有良田万顷啦，大厦千楹啦，有娇妻美妾啦，孝子贤孙啦，有很长的寿数啦——这种种的解释，归结到一句话，不过是"不用做事情而可以得到丰衣美食"罢了。

这样说起来，享福并不是中国人所特有的。因为，"不用做事情而可以得到丰衣美食"，这种情形在苏联境内听说是没有的，至于旁的文明国，那也是常见的了。不过也有人说，中国人是特别喜欢享福的，不像外国人，到了七八十岁，还要做事情，比方兴登堡做大总统，哀笛生做发明家，那样的到老不休。

这大概是外国的个人主义，比中国的家族主义来得高明一点的缘故。因为在家族主义的社会，有些人，出生的时候当少爷，长大了就当老太爷，尽可以一生一世享整个儿的福。要是在个人主义的社会，每个人的一生，总不免有一个时期，需要个人的努力奋斗了。

但是，无论如何，在个人主义的社会当中，是有一种站在特殊地位的人，可以倚靠股票的红利、地产的租金，或者放款的利息来生活，用不着做任何事情。纵然他在某个时期，没有取得财产权，还不能完全不劳而食，可是一到他取得财产的那一天，他就可以袖起手来享福了。

所以宽泛一点儿说，个人享福的事情，大概是中外所同的。至于苏联没有这种事情的话，那是"又当别论"了。

说是苏联的人民不喜欢享福，那恐怕未必，不过是把个人的福气变成公共的幸福罢了。从前《老子》上曾经说过：天下都知道美的东西是怎样的，那美也就不算美了；天下都知道善的东西是怎样的，那善也就不算善了。现在如果人人都享幸福，个人还有什么福气可说呢？

那么，仔细点说，个人享福的事情，在空间上也不是没有例外了。如果从时间上去说，那更是有限制。

为了说明白这一道理，不能不回到前面"福气"的解释那句话，就是"不用做事情而可以得到丰衣美食"。我们试想一下，我们衣食的资料，哪一样不是由人类的劳动而生产出来的呢？因为大家劳动，把衣食的资料创造出来，大家才有吃，有穿。那么，一个人要获得衣食的资料，就不能不做一部分的工作。不论他得到资料的手续，是经过直接分配也好，是经过交换的方式也好。总而言之，总该不是"不劳而食"的吧。然而，在一定的历史阶段里面，的确有些人"不用做事情而可以得到衣食"，并且他们所得到的，还比那些做事情的来得丰而且美。这是什么缘故呢？这自然是另有人替他们代劳了。

然而旁人决不肯无缘无故替他们代劳，而必须在一种强迫的条件之下，才会代劳的。拆穿西洋镜说，这两种人（一种不劳而食的人，和一种替他们代劳的人）的关系，就是剥削关系，而剥削的基础，就在于生产工具的占有。换句话说，谁若是占有了生产工具，谁就有剥削的权利——就有人替他代劳——而安享着"不劳而食"的清福。所谓福气，并不是前生修到的啊！

我们说享福是不劳而食，即剥削；替不劳而食的人代劳是被剥削，这不过是换成科学的词儿来说，借此表示个人享福是社会矛盾的现象而已。其实剥削两个字眼儿，虽然好像不大好看，但剥削的事实在现今社会并无丝毫不道德的地方。

一个人有了股票、田契等类的东西，就是占有了生产工具的凭据，这个人无论是怎样的道德君子、老实的慈善家，也不能不剥削旁人的劳动，因为他是靠着地租、利息或者红利的收入来生活的。而且，自有历史以来，就有剥削这一事实，站在剥削地位的人早已把剥削当作正义了。凭着生产工具的所有权，去享用人家的剩余劳动，这是光明正大的享福，谁还觉得过意不去呢？即使到现在，已经有人掘开这个秘密的时代了。我也曾听见一个不太著名的资本家说过这样的幽默的话：

　　　　近来我在矿山方面的投资，是大失其本了，恐怕只有在工厂方面多剥削一点剩余价值吧！

虽然他是幽默地说着，但可见他并不讨厌"剥削"这一个科学的词儿。

闲话少说，且说"剥削"在有史以前的社会，是不是也存在呢？如果像某一位学者说的，人生而有智愚强弱的分别，就不能不在生存竞争的舞台上，产生剥削者和被剥削者。那么，剥削关系就不能不自从有人类的一天开始，而且将要"长此终古绵绵不断"了，这是不是合于事实呢？

我们试想剥削的意义是什么？简单地说，就是刚才说过的一句话——在强制条件之下，一个人的劳动，除养活本人之外，还要养活别的同样可以劳动的人罢了。在远古的社会里面，生产不足，一个人要养活一个人，都是很不容易的事情，更不要说养活别的人了。我们常常听到野蛮社会杀老人的故事，便是老人自己也要求子孙们去杀他。这种奇怪的事情，仔细想想，也不过是为了不能生活的缘故罢了。老年人既然失掉劳动的能力，他的子孙们又是"自顾不暇"，没有多余的力量帮助他，自然只有一死，这和我们这个社会里面的穷人自杀没有两样。在这样一个社会里面，每个人都没有剩余的劳动力可以养活别人，那么，纵然占了一块土地，也收不到一粒租谷吧，纵然蓄了一个奴隶，也不能得到一点利益吧，因为奴隶不是神仙界的，也要吃东西才能劳动下去的啊！

　　社会发展到奴隶社会的阶段，每个人的劳动生产力不止养活一个人了，于是剥削方才产生，也就是社会阶层方才产生。这时候一切生产工具连奴隶自身，都归奴隶主所有。在生产过程里面，由奴隶主把他所有的普通生产工具和特殊的生产工具——即有着劳动力的奴隶结合起来。自然，这里的直接生产者是奴隶，而奴隶主是不劳而食的阶层。

　　到了封建社会里面，土地是主要的生产工具，而这个工具是抓在地主手里。那么，为了使劳动力和生产工具相结合，有着土地的地主和有着劳动力的农民，就有互相结合的必要了。但因为地主占有了土地，他便可以靠剥削农民的方法而生活。记得《诗经》上面有这样的几句话：

> 坎坎伐檀兮，
>
> 置之河之干兮，
>
> 河水清且涟漪。
>
> 不稼不穑，
>
> 胡取禾三百廛兮？
>
> 不狩不猎，
>
> 胡瞻尔庭有悬貆兮？
>
> 彼君子兮，不素餐兮？

这是受剥削的农民反抗的呼声，其暴露了地主们不劳而食的罪恶，喊出了"不素餐"即"不劳动者不得吃饭"的口号。我们读了这首古诗，就可以想象几千年前地主剥削农民的情况。至于今日资本家的剥削工人，自不必赘述了！

由上面所说看来，剥削是在劳动生产力有相当发展的时期，方才产生出来的，是很明白的了，但是将来生产力十分发展，是不是剥削仍然存在，或者剥削越凶呢？这又不然。《孟子》上曾说过：要使"菽粟如水火"。这意思就是说要使生产力非常发展，便是人人尽量取得所需要的东西，也不成问题，自然不会有剥削的事了。并且剥削的前提条件，除了一个人可以养活两个人外，还有一点，就是一部分人占有生产工具，而其他人没有，这一点是不可缺少的。假使将来没有这一点，将来就会没有剥削了，也就是没有个人享福的事情了。同时，也就没有社会阶层的分别了。

第 15 章　爱国是错误的吗？
（国家的产生和演进）

在五四运动的时候，某些地方，曾经流行着一本小册子，叫作"兵士须知"，那里面的主要意思就是反对爱国。它说我们劳苦大众，随便走到什么地方，都是靠劳动而吃饭，有没有国家，与我们有什么相干，国家只是那些当师长、军长的才用得着，他们靠了国家才有官做，有财发，自然他们非爱国不可。我们当兵的爱国有什么用处呢？打胜了仗，当兵的没有官做，没有财发；打败了呢，性命都难以保住。牺牲了的时候，把尸骨掩埋了就算顶客气了。我们谁不是有父母妻子？我们何苦白白地牺牲，去替师长、军长们爱国呢？

这些话，据说是无政府主义者编造出来的。无政府主义者们，痛恨国家这个东西，因此无条件地排斥爱国思想。他们痛恨战争的残酷，因此无条件地反对战争，乃至反对人们当兵。本来他们的热情和理想，都很值得钦佩。可是在实际的行动上，他们好像一点办法也没有。因此有人嘲弄似地赞美他们的理想道："三千年后可以实行。"

我们对于一个不好的东西，单是感觉有消灭它的必要，还是不够的，还得看看有没有消灭它的可能。要明白将来是不是有消灭的可能，就首先要明白目前所以存在的缘故，和当初为什么产生的来由。

国家这个东西，究竟是如何产生的呢？它目前存在的理由又在哪里呢？社会科学的先觉早已告诉我们了。国家在人类社会的历程中，实在不过是短短的几千年的制度。在远古的时代，人们是不知有国家的。直到人类社会中发生了利害冲突，站在不同的经济地位的人，相互间不能和睦，这时候，为了维持社会的秩序，才产生了一种权力机关，叫作国家，由它来执行管理人民的事务。

这个权力机关，表面上虽然是超越在社会的上面，又好像是代表全体人民的，其实它不过是由那社会的统治阶层的力量支持着罢了。它的维持秩序，并不是根据全体人民的公意，也不是社会各阶层意志的调和与折中，实在是专门代表某一种经济地位的人们而已。

比方，在地主和农民对立的时候，如果没有国家，那些农民都不交佃租了。这种"无法无天"的事，在地主们看来是不能忍受的，于是订立了法律，对于农民缴纳佃租给予种种的规定，除某种情形容许减纳或免纳外，凡是抗租不纳的，均施以某种处罚。如果农民为了这些事，弄到聚众要挟或骚扰的程度，则法律上有更加严厉处置的规定。为了强制地实施法律，又设立了军队、警察之类的武力组织。由此看来，国家成立的来由，就是这一部分的人要统治那一部分人，使得那一部分人不会为了经济利害不同而发生反抗，破坏社会的秩序。

在上古的时候，人类社会没有显著的分工，劳动生产物也没有多少剩余可供剥削的，所以人与人之间，没有经济上的利害冲突。在一群之内，大家和和气气、自自然然地过着日子，好像陶渊明所想象的世外桃源一样，"不知有汉，何论魏晋"，那是何等自由而安乐的世界。

中国古代的典籍里，有许多描摹古代社会的传说，像《列子》上面的"华胥氏之国，其国无师长，自然而已……"；《老子》上面的"小国寡民，使有什伯之器而不用……虽有舟舆，无所乘之。虽有甲兵……邻国相望，鸡犬之声相闻，民至老死不相往来"；《礼记》上面的"大道之行也，天下为公，选贤与能，讲信修睦。故人不独亲其亲，不独子其子，使老有所终，壮有所用，幼有所长，矜、寡、孤、独、废疾者皆有所养，男有分，女有归。货恶其弃于地也，不必藏于己；力恶其不出于身也，不必为己。是故谋闭而不兴，盗窃乱贼而不作，故外户而不闭，是谓大同"。这些文章都不是臆造的寓言，也不是凭空幻想的政治理想，实在都是依据那个无强权无压迫的上古社会来说的。

如果说上古社会的无政府时代是以当时人民浑浑噩噩、没有欲望的心理原因为基础的，那还是浮面的观察。当时的人，不要什么领袖来支配，只是因为那时人人在经济上的地位平等，没有什么可以剥削的对象，因此那种剥削自私的欲望便无从发生，而以此为根据的公共生活，当然是人人平等的充分民主的方式。那时只有人对物的支配，没有人对人的支配，所谓"天生民而立之君"的话，在那时是不适合的。所谓"选贤与能"，显然是上古社会后期的事，但那种被选的贤能，只是为了人支配物的公共事务而活动，还不是执行"人支配人"任务的君长。至于后来由此转变出来的君主制，那不过是社会阶层发生以后的事实。

几千年来，社会斗争的演变，虽然发展得很快，但至今还没有走到社会斗争消灭的阶段，这就是国家所以至今还存在的理由了。国家在目前的社会既然还是一个不可少的工具，我们主观上想要废除它，也是废除不了的。

如果有一天我们的社会用不着"国家"了，那时国家成了一个无用的多余的东西，我们纵然要保留它也是保留不住的。是不是会有这么一天呢？这是必然会有的。因为我们曾经说过，只要把现代的"生产社会化"的规模尽量扩大下去，同时把私有变成公有制度，使生产手段（包括原料、工具、劳动力等项）的所有形态同使用形态（指集体劳动而说）相符合，则人间的经济利害是可以一致的，社会矛盾是可以消灭的。那么，在将来的社会，所谓公共事务，不超过人支配物的范围，是非常明显的。那么，这种人支配人的工具——国家，不就将成为废物吗？

照这样看来，国家是有消灭的一天的。不过像无政府主义者那样，一口气要消灭国家，我们又说他们太急色儿了；那么，是不是我们将听其自然地缓缓地走向消灭的前路呢？这又不是的。我们应当在有国家的时代，尽量推动社会前进的车轮，使时代加速度地奔向新大同社会去。但在有国家的时代，我们与其无意义地空洞地反对国家，宁可使国家变质，变成社会的前进阶层的工具，借它来推动历史的车轮；在有国家的时代，我们与其笼统地反对一切国家，不如站在具有世界革命动力的国家这一面，去反对那阻碍时代前进的反动国家。

照这样看起来，像前面所说的无政府主义者，便不免把反对爱国的宣传错误地使用了。在那些专门侵略人家的帝国主义国家内，反对爱国，诚然是很对的；但是在被侵略的半殖民地国家，这种宣传就不对了。在目前，我们宁可赞同爱国思想，只要这种思想限于反抗霸权国家的侵凌，而不是狭义的自大与排外。

第 16 章　敢问路在何方？
（国家的消灭过程）

在苏联公布新宪法草案以后，有些人说苏联是在向资本主义国家的道路上走。另有些人又想到苏联的"国家"，实际上是从此消灭了，因为苏联社会的矛盾已不存在，它的国家也就不能不变质，而成为非权力的机关了。

苏联是不是向资本主义的路上走呢？我想只要是没有戴有色眼镜的人，决计不会肯定这一命题的。在宪法草案公布以前，资本主义国家的新闻通讯社，也曾传述过什么苏联宪法里面采用两院制啦、总统制啦，这些地道的资本主义国家的东西，好像我们国家的某些人还特别把总统制赞叹了几句，以证明无论什么国家的权力机关，非用领袖制不可的理论。直到苏联宪法草案公布以后，我们才恍然大悟。所谓两院制，并不是什么参议院、众议院或上议院、下议院的分别，而是权力同等的联邦院和民族院。至于总统两个字，根本不见，而国家权力机关，从联邦到地方区域，彻头彻尾地是劳动者代表会，什么领袖制的影子都找不到。照此看来，这些戴有色眼镜人的话，是很容易凿穿的，我们用不着多费唇舌去批评他。

倒是另一种观察，提出了国家权力是不是在苏联消灭的一个问题，很值得我们研究。我们不妨借此来对国家消灭的过程探讨一下。

按照科学的理论，无国家的社会应该是大同（无阶级的）社会。大同社会的特点，是"经济组织和政治组织不分化""直接生活资料的生产""生产者支配生产品"等。怎样叫作经济组织和政治组织不分化呢？用一句普通的话说，就是劳心和劳力的统一。孟夫子说过："劳心者治人，劳力者治于人"，这是无论封建国家还是资本主义国家，同样崇奉的天经地义的规律，甚至那些醉心美国文明的博士所认为最进步的"专家政治"，也不过是这一套。然而到了大同的社会，人既不被治，也不治人，虽然并不是没有公共事务，但那些事务都是由一般劳力的人去轮流担任的，用不着固定的管理的人。在原始的大同社会，那些公共事务太简单了，所以劳心也很平常，没有借重专家的必要。在将来的大同社会，那些公共事务虽不那么简单，但比较人支配人的时代，那种专门支配物的事务，也就算简单化了。同时一般劳力的人，都在长期的教育与日常生活当中增进了学识经验，具有管理公共事务的充分能力，所以也用不着专家了。（当然，那时候在学术上是要增加专家的数量与质量的，而这些专家同时也就是劳力的人。）

怎样叫作直接生活资料的生产呢？那就是不为了卖钱而制造物品，看大家要使用什么，就生产什么。怎样叫作生产者支配生产品呢？这就是劳动者上面没有老板，自己就是物主，可以根据自己伙伴的公共意思来处理自己制造出来的东西。

我们既然明白大同的社会是这样的内容，再来看看苏联的现状，是不是和这一内容相合呢？生产者支配生产品，这一点是完全相合的。直接生活资料的生产，这一点当然和原始时代的自给自足有些不同，而是在整个计划之下分工合作，同时也没有完全废除交换制度，特别是和国外资本主义经济的往来关系，还是很重要的；不过为使用而生产的精神，是充分地把握了，这一点可见也是相合的。至于政治组织和经济组织的统一，也有许多地方做到了。比方它的权力机关，时常改选，不像旁的国家隔几年一次的选举，故能使多数劳动者得到参加公务的机会，国家机关的职务多半是管理社会主义经济，尤其证明了其经济组织的作用占了很大的比重。不过终究没有达到两者的统一，比方军队、司法机关这些非经济的组织不能不保存，外交、国防一类的事务仍然非常重要，这都足以说明政治组织的特殊性不能一下子消灭吧。

照这样说来，苏联虽然具有"大同"社会的大部分内容，但因为不是完全站在"大同"的世界里面，所以仍然不能充实大同社会的内容。这话怎样讲的呢？因为，就国内说，阶层对立虽然已经不存在，但生产力的发展，只能说是接近于理想的社会，还不能做到"各尽所能，各取所需"。照《宪法草案》第十二条所说，苏联正在实现"各尽所能，各取所值"的社会主义原则，这就是生产力发展的限度规定的。另一方面，阶层社会的残余意识还存在于一部分人的脑子里，这不能不需要国家有计划地去教育、去洗刷、去改变。

就国外说，苏联的敌人不但存在，而且在非常暴力地向苏联进攻起来。假使苏联劳动者过早地放弃自己的武装组织，那种不幸的结果是不难想象的，那便是刚刚起来的社会主义的嫩芽，要立刻被帝国主义的铁蹄践踏完了。

所以这个时候，苏联的劳动者决不能不要国家的权力组织，而是只有令它强大起来，方才可以克服他们的对头。

从苏联这个例子，我们便知道国家消灭的过程，不能不经过几个阶段：

第一阶段，是由剥削者统治的国家变成反剥削者的国家。例如俄国十月革命，推翻了旧时剥削者统治的俄国，而建立反剥削者的革命政权。这一个阶段是把那些官僚、军阀、警察的特殊组织消灭，建立了劳动者自己管理的国家。对内执行发展社会生产力、消灭剥削者、教育民众的任务，对外用经济和政治的力量与剥削者统治的诸国抗争。

第二阶段，这个时候，剥削者被完全消灭，社会上已经没有阶层对立，生产力已经非常发达，足以保证单一的劳动者社会组织的巩固，但是教育民众的任务仍然没有完成，民众对于公众事务的管理还没有练习到纯熟的地步，剥削者社会遗留下来的坏习惯、坏心理也没有被完全肃清，所以仍然需要国家来担负起这一任务。为什么教育也需要权力呢？这就是要使人人从事劳动，而且按照工作的分量及性质来获得生活资料（见《苏联宪法草案》），还不能不带点强制的意味；要等到人人都很自然地自动地去各尽所能，这种强制才不必要了。

第三阶段，是社会主义的完成期，可以实行"各尽所能，各取所需"的原则，因为每个人都不必受强制而自动地劳动；同时，生产品的分配也不必有什么规定，由各人按照自己的需要去消费，并不会感到缺乏。这时候，什么旧社会的坏习惯、坏心理已经不存在了，人们对于公共事务都已经很熟悉了。国家权力完全成了无用的赘瘤，谁也不理睬它，于是它完全消灭了。

苏联并没有把国家消灭，这是没有问题的，不过若说其没有超出上述的第一阶段，这就是不对的。因为第一阶段的特点是国内剥削者的存在。至于国外剥削者的存在，并不是其主要特点（因为就一国建设社会主义的立场看），现在苏联国内已经没有剥削者存在，就是超过第一阶段了。

《苏联宪法草案》上大书特书着"各尽所能，各取所值"的话，这是因为其社会主义生产力已经发展到可以实行这一原则的地步了，这便是国家消灭的第二段路程的指标。因此，我们可以说苏联在国家消灭的道路上走得很远了，距目的地是一天一天来得近了。所以，我们又可以了解人类走向无国家的大同世界，应该经过怎样的道路了。

第 17 章　谈到"中华国族"
（民族的形成与经济）

有些人一谈到中华民族，就很自夸地说，我们民族已经是单一的民族，什么满、蒙、回、藏，老早已经同化于汉族了，并且从中山先生的演讲词里，割取了"国族"两个字来表示他们的主张，叫中国民族作中华国族。

中山先生提出"国族"两个字，是对"家族"而言；不过拿这两个字来表示"我国为单一民族所构成的"也没有什么不可以。问题只在这句话是不是符合客观的事实罢了。

我们翻开《三民主义》的演讲看看，可以明白中山先生说话的意思，无非是劝我国同胞取消家族主义，把眼光扩大一点，化家为国，讲讲民族主义罢了。照他这句话看来，岂不是我国同胞的民族意识过于薄弱，远不及家族思想浓厚吗？

的确，从日常的事实去看，我国人的眼光，大多数还是没有超过家族利益的范围，大多数看不到国家和民族的利益。比方，一般人所希望的是升官发财，他们升官发财的目的，除了满足个人的宫室妻妾……之好以外，就是多替自己的宗族或亲戚弄几只饭碗。再扩大一点，就是提拔同乡。假使一个官僚或者一个富豪，能够做到这几点，就必定受社会人士的恭敬，认为不是自私的人，光大了家族，荣耀了乡里。换句话说，一个人能够为家族利益而奋斗，就是社会上的模范人物。

为了做一个这样的模范人物，便是出卖民族利益，也是可以的。所以北方的军政领袖，对于外面来的飞机大炮或私货，老头票的压迫，都不在乎，倒要聚精会神来拜孔夫子，请老先生讲经书，替老太太做寿，想在家族中博得一个孝子贤孙的美名，并且将这种孝悌之道来化民成俗，也许将来做了异国顺民之后，个个老百姓都是"其为人也孝悌，而好犯上作乱者少矣"，岂不功在李完用以上吗？

讲到这里，我不能不说一句，中国人至今还是只讲家族主义，不讲国族主义（国族主义就是民族主义）。在"家族高于一切"的社会中，谈得上民族意识吗？

中国人之所以是这样的，并不是生性不良，实在是经济发展的阶段，还不够形成一个很健全而成熟的民族，更不够形成一个单一的民族。

这句话怎么说呢？

让我来先解释一下"民族"吧。照社会科学的理论，民族和人种不同，有的人种形成几个民族，有的民族包含许多人种，一个民族必须是人类长久的集合体，必须有共同的语言，必须有共同的居住地域，必须有共同的经济生活，必须有共同的心理能力，这五个特点，样样俱全，方才算得一个民族。

我们的民族，是人类中一个长久的集合体吗？把汉、满、回、藏、蒙、苗分开来说，还勉强可以说是的。若是合汉、满、蒙、回、藏、苗来说，就不对了。有共同的语言吗？在中国本部，除江、浙、闽、广数省外，还马马虎虎可以说是。好在上层社会有一种彼此通用的古代语言符号——汉字。但蒙、藏语言，无论如何是特殊的。有共同居住地域吗？蒙古人居蒙古，西藏人住西藏，回族居甘肃、新疆一带，苗、瑶居西南数省山地，似乎各有其疆域，很少混同。有共同的经济生活吗？蒙、藏、回、苗，经济生活都比汉人落后，有的在封建初期，有的还在游牧时代，甚至还有些过着更原始的生活。这都不用说了。便是汉人，经济生活果然同样发展吗？也不是的，偏僻地方，还有着纯手工业的城市，有着完全封建形态的农村；而沿海都市，则充满着现代资本主义的气氛。此外还有许多过渡形式的区域，这种不平衡发展的现象是非常明显的。尤其值得注意的，是全部民族的成员，并没有因经济的纽带形成一个不可分离的共同体。在这样的情形下，常常需要用军事的力量和政治的手腕来勉强维持形式上的统一。

所以，照现在中国的情形看，即使说整个汉族形成了一个严格意义的民族，尚且有点儿过分，何况把全国各民族看成一个单一的民族，难道不是妄言？

我们再看最末一点，有共同的心理能力，我们有吗？这也是很容易看出来的。游牧社会有游牧社会的心理，封建社会有封建社会的心理，资本主义社会有资本主义社会的心理，怎么会完全一致呢？

不要说别的，只看一看妇女地位。在西康，妇女站在家长的地位。苗族中的妇女，尚有婚嫁的自由；而内地的汉人，则把妇女当作家庭中的囚犯；至于新的都市，则妇女又高呼解放，实际也有一部分提高了她们的社会地位。这种社会心理的分歧，不过是"殊方异俗"的一斑。其实各地方宗教和风俗的种种差别，真是五花八门，正如经济生活的殊异一样。谁能说全中国的民族都有共同的心理能力呢？

根据科学上民族的定义来看，我们可以说，形成一个严格意义的民族，其主要基础在于经济的结合。当那"小国寡民，使有什伯之器而不用"的时候，彼此"鸡犬相闻，老死不相往来"，固然无所谓民族的形成，便是到了商品经济的发生，有时能够弄得"胡越一家"，但因为封建时代，大部分交易不出邻近都邑镇市之外，也就很难形成整个的经济共同体，故此时民族的形成，仅仅是一个雏形而已。直到现代资本主义的产生，打破了封建时代的地方经济，形成了国民经济的共同体，然后严格意义的"民族"方才形成。

由此可见，我国民族的成长才脱离幼稚时期不远。

我们如果打破了中国的地方经济的状态，完成了整个的国民经济，把我们的民族国家建立好了，自然所谓"中华国族"可以名副其实。至于强迫地要蒙、藏、苗人等学汉人的话，穿汉人的衣服，和汉人通婚之类，说起来是同化，其实是化不来的，徒然表现大汉族主义的狭隘性罢了。因为不要说，蒙、藏和中国本部没有形成经济的共同体，便是本部地方也还没有形成经济的共同体，怎能够盲干出民族的单一性来呢？

还有一点，便是经济上形成了单一性的时候，民族文化还不能够马上达到一致，并且也没有强求一致的必要，尽可以听其各自自由发展。我对于单一论者及同化主义者愿意贡献这几句话。

说到这里，记得有人告诉过我：如果不说我们民族是单一的民族，那就中了某帝国主义的计，因为它正是借口满洲民族自决组织独立国的理由来攫取东北，将来还要用同样的方式推及蒙古等地呢。如果我们证明国内各民族早已成为一体，就不怕某国的分离政策了。

这是不是正确的说法呢？我不必多说闲话，就拿苏联做个例子来说明。苏联的民族很复杂，是苏联人自己所承认的：德意志帝国主义用分离政策去夺取乌克兰，也没有听说苏联用乌克兰人早已同化于大俄罗斯族的曲解与空谈，去抵抗侵略。难道苏联同意乌克兰的离苏归德吗？苏联虽然标榜民族自决，但并不因为帝国主义利用这类的口号实行侵略而没有法子对付，这倒是很显然的。

假使我们决心收复东北，我们便说为了把东北全体人民——汉人、满人、朝鲜人乃至于穷苦而善良的一部分日本人——从帝国主义及其傀儡的羁轭下解放出来，难道不是正当的理由吗？

总而言之，民族的复杂，并无碍于国家的统一。统一的基础，主要在于经济的设施。

第18章 民族利益的真假？
（民族全体的利益不是永远一致的）

抽象地说起"民族的利益"，竟然不知道所指的是哪一些人的利益？因为"民族的利益"这几个字，在历史上曾经表示过几种不同的意义。有时候，它真正代表民族全体的利益，有时候它只代表一个社会层的利益，不过是假民族的名罢了。这完全是因时因地而不同的。

就是同时同地，有些事是关系民族全体的共同利害，有些事却只是和一个社会层有利害关系，和旁的阶层没有关系；甚至还有和旁的阶层的利害恰恰相反的。但说起来，尽可以都用"民族"的名义。

为什么会这样呢？因为在现阶段的历史过程当中，社会矛盾和民族矛盾是同时存在的，而且相互间还有连带的关系。在某种环境中，甲矛盾超过乙矛盾的时候，站在乙立场看来，那矛盾就看不见，只觉得利害是一致的了，反过来说，也是一样。

我们不妨随便拿几件事情说说。

比方帝国主义侵略弱小民族的时候，对其人民宣传说："为我们民族的光荣和利益，必须向某某地方图发展啊！"这果然是代表民族全体的利益吗？决不是。

帝国主义所宣传的"人口太多，粮食不足，原料不够……"那些话都是假托的理由。说是少了粮食和原料，未必不可以拿其工业制造品去交换吧，为什么要用侵略手段去霸占别人的产业呢？其所以要侵略的理由，还是因为少数资本大王要独占市场，多榨取一点利益的缘故；还是因为甲国的资本大王，要并吞乙国资本大王的市场的缘故。

某地有一句俗谚说："师公子斗法，病人子吃亏。"帝国主义的发展，正像这种情形一样，就是因为几国的资本大王斗起法来，害得弱小民族受难遭殃罢了。其实侵略弱小民族，对于资本国的劳苦大众又有什么好处呢？不但没有好处，而且他们反要因此增加痛苦啊！

他们怎样增加了痛苦呢？在侵略弱小民族的时候，政府扩张军备，把财政预算无限制地增加了，这种负担，无论是什么形式，或是发公债呀，或是加税呀，结果都要加到大众的肩膀上。经济恐慌的严重性，不仅不会因为对外侵略而减轻，反而因为对外侵略所造成的大战威胁，把国际间经济的互相关系斩断了不少，使各个国家的经济一天天地孤立化了，因而经济恐慌更加尖锐起来。哪怕其中也有暂时缓和的时期，也丝毫不能挽救这种大势。就好像一个将死的病人，虽然因为打了强心针，暂时延续了一刻生命，却终于没有起死回生的可能。试问经济恐慌的深刻化，不是要使大众更加遭受失业和贫穷的灾难吗？不但如此，假使为了出征到弱小民族去镇压他们的反抗，当炮灰的依然还是劳苦民众。常言道，"一将功成万骨枯"，等到帝国主义唱得胜歌的时候，却不知白白牺牲了多少劳苦民众！究竟是谁的成功呢？结果不过是少数财阀获利罢了，劳苦民众在战争中所受的惨祸，是永远没有补偿的机会的。这样看来，那些侵略者所高叫的民族利益，实际上不过是少数人的利益，哪里是民族全体的利益呢？为了他们少数人的利益，还要大家忍受更大的痛苦。只因为将"民族利益""民族光荣"的大帽子戴在大众的头上，大众都被压得不敢吭声了。这也是大众受了欺骗啊！

但是在另一种场合，比方被压迫民族反抗侵略的时候，全民族利害的一致性却能够显现出来。因为在这种时候，不但是被压迫民族的劳苦大众受了帝国主义的压榨，就是被压迫民族的资本家，也有同样的痛苦。帝国主义者为了独占被侵略国的市场，很不高兴土著的资本家出头办实业，时时刻刻要想法子害他们。被压迫民族的资本家，想在帝国主义继续侵略的情况下面，把自己的生意发展起来，那是很难的事，就是苟且偷生，也非长久之计。请看，为了"闲话皇帝"吃官司的杜重远，过去不是在东三省办实业吗？"九一八"以后，他的事业就被迫取消了。现在天津的几个华商纱厂，不是都在亏本的威胁之下，顶给我们的"友邦"去了吗？所以眼光远大一点的资本家，自知站在被压迫民族的立场，运命并不能长久，因而开始很积极地和一般大众联合一致，反抗帝国主义的侵略。

在这样的场合，只有一部分近视的资本家，他们不敢和帝国主义做拼死活的斗争，生怕眼前的财产因战争而受损失，于是幻想帝国主义有一副慈悲心肠，愿意分一点残余利益给他们，使他们可以苟且偷安下去。另一方面，他们都尽量向自家人——劳苦同胞敲骨打髓，借此补偿他们在帝国主义前面所吃的亏。比方，受帝国主义商品倾销的影响，弄得生意亏本，他们并不去反对外货倾销，却反过来减少工人的工钱，不管工人能不能维持最低限度的生活。他们在这种行为当中，居然也拿出"民族利益"的大帽子来，叫工人们牺牲一点私人利益，来顾全民族利益。请问工人们的生活，向来就是很拮据的，还要让他们节衣缩食，到底要节缩到哪步田地去呢？自然，那些工人到了这时候，也就不甘心退让，要和这些高叫"民族利益"的人吵起来了。由此可见，民族全体利害的不一致性，在这里也暴露出来了。

说一句政治家的流行话，就是，一个人如果了解全民族的利害在某点上真能够一致的话，他在民族解放运动中的行动就不会过左。因为他必定会抓住某一点强化起来，使民族统一战线可以巩固。另一方面，如果他了解全民族利害的一致性是有限度的，他就不会陷入机会主义的泥坑，也不会在"民族"两个字被人家玷污了以后还不察觉。

这就是本次谈话的微意。

第 19 章　民族主义的七十二变
（国家主义的反动化和革命的民族主义）

从前听说孙行者有七十二变，到底变化的数目是不是七十二，并不重要。总而言之，从这句话可以晓得他的变化不测罢了。我现在说民族主义的七十二变，也不过是这个意思。不过有一点要交代的，就是孙行者的变化是外貌，民族主义的变化却是内容，至于外貌（名目），尽管变来变去，相差是不多的。

话要说分明，再说我这里的"民族主义"这个名词，乃是广义的。从十九世纪德、意诸国的民族统一运动到二十世纪东方被压迫民族的解放运动，固然包括在内，就是近世各强国所标榜的大日耳曼主义、大斯拉夫主义之类，也不妨看作民族主义的一个范畴。读者切不要误会这里说的与三民主义的民族主义范围相等，因为三民主义的民族主义是被压迫民族解放运动的指南针，不能和旁的所谓民族主义混淆起来的。

我们中国有一班所谓国家主义者，他们讲起道理来，引经据典，都是十九世纪的欧洲各国民族运动，什么俾斯麦，什么玛志尼，常常挂在他们的口齿上，他们的"国家主义"这个词儿，写起英文来，恰好也和"民族主义"一样，是Nationalism，所以他们的道理，弄到鱼目混珠的地步，不是无缘无故的。因此，我就把他们所宣传的福音，恭维成"古典的民族主义"。

古典的民族主义，是纯然上等人的民族主义。当资本主义刚刚抬起头来的时候，唯一的急务就是铲除封建割据的障碍，统一国内的市场，而那种助长封建割据、妨害民族统一的外力，也是必加驱除的。那时候下层民众的能力，还不能领导这种运动，所以历史的任务，要通过自上而下的运动来完成。

那时候资本主义没有突破国内市场，自然不会流行帝国主义式的大民族主义（即大日耳曼主义之类），另一方面也没有反帝国主义的民族解放主义产生，而流行着的民族主义，便是国家主义。

国家主义，在一国资本主义抵抗外国经济势力侵入本国市场的时候，是一块很好的挡箭牌。所谓国民经济学理论指导下的保护政策，便是国家主义的具体化。到了资本主义突破国内市场，向海外扩张殖民地经营的时候，国家主义又加了一层"大民族主义"的涂饰，它的作用，无非是帝国主义驱使国内民众当鹰犬的一种符箓和制止国内民众反抗情绪的一项金箍帽罢了。当今最出风头的德国领袖希特勒，就是善于玩这一套把戏的，他天天夸德意志民族的高尚，形容别的民族卑鄙下流，无非是故意把民族的偏见种入每个德国人心里，以便由他利用驱使，替德意志帝国主义打江山。我现在恭称他的民族偏见为一种民族主义，他自然十分高兴，要说我所见不差。

试看当初反封建、谋统一、求独立自由的民族主义，一变而为帝国主义侵略的工具，这等变化岂不令人惊骇吗？

说到这里，我又要声明一句，就是古典的民族主义，原来也是有革命意义的，我现在恭维人家是古典的民族主义，却不是恭维它革命，因为那时候的民族主义，到现在已经被帝国主义玷污了，完全成了对外侵略弱国、对内压迫民众的护符了。所以现在恭维人家这句话，就无异于说它是反动。

如今革命的民族主义的真传，却落到了被压迫民族的身上了。这样的民族主义，并不像希特勒一样，把自己的民族当作神圣，而将旁的民族当作禽兽，它所标榜的是民族平等。中山先生解释民族主义，有两个要点，其一是对外要求中国民族的独立和自由，其一是国内各民族一律平等。对内对外两方面的具体政策虽说不同，但其精神是一贯地打破民族间的不平等。这就是目前革命的民族主义。

有些甘心当亡国奴的中国人，常常说中国的民族性太不长进了，中国不亡，是无天理。他们这些人，已经没有了"民族自信力"，所以专门长帝国主义的志气，灭被压迫民族的威风。他们和帝国主义一样，是被压迫民族的敌人。但另一班人，常常自夸中国民族是世界独一无二的民族，要把全世界置放在中国民族的统治下面，方才有真正的太平，这又未免令人肉麻了。一切民族和我们是同样的人，不要说旁的，便是蒙、藏人民稍微落后一点，也是为环境所限的缘故，假使把经济开发迅速，自然可以迎头赶上，正如我们可以迎头赶上欧美等先进国家一样。

革命的民族主义，除了具有民族平等的精神之外，还具有国际主义的精神。看起来，民族主义和国际主义恰好是对立的吧，可是，就革命立场上看，这只是形式上的对立，因为民族革命的对象——帝国主义，是有国际性的，这样，同一帝国主义，可以是几个不同民族革命的共同对象，甚至又是帝国主义本国劳苦民众社会革命的对象。那么，这些不同的被压迫民族，当然可以联合一致，甚至和帝国主义本国的被压迫阶层联合一致，去对付帝国主义。这不是革命的民族主义所包含的国际主义精神吗？中山先生曾说将来的战争是黄种和黄种战，白种和白种战，十二万五千万被压迫民族站在一边，和二万五千万压迫民族奋斗，正是民族主义之国际主义精神的写照。

就在这一点上，革命的民族主义和狭隘的国家主义对立起来了。从狭隘的国家观念走到包含国际主义的精神，这可说又是民族主义的一个大变化。

现在，社会主义的国家在俄国产生了，但那个地方的民族又非常复杂，那么，是不是民族主义在那儿又起了什么变化呢？我告诉你，俄国革命的时候，革命党人曾经以"民族平等""民族自决"号召全国，正和上面所说的革命的民族主义一样。到现在社会主义建设的时期，全国各民族都在努力于社会主义经济的建设，同时又各自发展其民族文化，如民族语文、民族艺术等；各项建设事宜，也是由民族自治的机关来执行的。所以他们有一句话说："民族的形式，社会主义的内容。"如果你说那儿还有民族主义的话，这就是他们的民族主义了。这样的民族主义，可说又有了一次的变化，变到最摩登的样儿了。

第 20 章　民族没有万世千秋的寿命
（民族的消灭）

有时候，为了反抗民族的敌人，不得不激起民族的感情，我们不妨高叫民族万岁的口号，而在科学上，我们不能相信民族会有万世千秋的寿命。

这句话请不要误会了，这并不是说，我们的民族会有亡国灭种的一天，而是预料未来的世界，必定实现大同的理想。到那时候，任何民族都会统一，融化于"世界民族"——即全人类的整体中去了。

你或者说我们高尚的中华民族不应当混合于别的民族当中去吗？或者说民族界限的消除永远是个梦想吗？或者说要达到这个目的，除非中国民族来统一全球吗？

　　这都是不对的。第一点和第三点，也许不待我说，等到自己仔细想过之后，也会知道是偏见或夸大狂了。现在只就第二点来说，就是说明民族消灭的可能。连带的还要说到怎样达到消灭的过程——这个过程并不是由一个民族来吞并全世界其余的民族。

　　我曾说过，民族的形成，是商品经济，特别是资本主义经济发展的结果。自从所谓"民族国家"形成以后，在一国以内，什么种族的界限都消失了。所以民族运动，曾经是促进人类结合的一个步骤。现在经济发展又进一步，联合全世界人类为一个整体，已经渐渐地成为可能，如果固持民族的界限，自然是世界大同的障碍。

　　谁能够打破这种障碍呢？资本主义能吗？在过去的民族统一运动当中，资本主义诚然是进步的动力，可是现在变了，资本主义既是民族界限的保持者，也是世界大同的障碍物。现在每一个国家的资本主义者，正在凭借民族的界限来武装自己的资本势力，攻击世界上和他竞争的力量。他们的强力和武断宣传，使全世界各民族的携手受到了阻碍，不能够很迅速地进展，而且要使各民族的分子互相残杀。资本主义这样的行为，在那些相信世界应该由某一个民族来统一的人，也许会得到赞美。可是，如果这样去做，冤冤相报，纵有结束的一天，恐怕世界统一以前，人类的生命所余也很少了。

　　现在世界大同的曙光从社会主义一方面显现了出来，社会主义将要完成世界大同的创作，正和资本主义曾经完成"民族国家"的任务一样。换句话说，当民族要完尽其历史过程的时候，唯有社会主义能够帮助其解脱凡尘，让新世界的奇葩自由开放。

为什么说社会主义能够如此呢？从前说过"民族的形式，社会主义的内容"，这个新鲜的玩意儿，正是促进世界大同的动力。因为社会主义经济是立足于共同生产与分配的基础上的，做的有计划的建设，它不像资本主义立足在无计划生产与自由竞争上面。资本主义尽管到了世界经济阶段，还是不能打破国家界限和民族界限，无非是看中了国家民族可以作为竞争的凭借。社会主义无须竞争，但需要国际的联合，使生产计划更加完备，分配范围更能扩大。社会主义，不会使各民族间的经济利害互相冲突，而会使他们的利害共通起来。社会主义又不需要用强迫的方式去开发各民族的经济，也不需要用一定形式去铸造各民族的文化，它可以让各民族自由发展，自动地走向社会主义的道路。因此，尽管各民族采取特殊的形式，但依然能够发挥共同的内容——社会主义的内容。

比方，苏联的民族非常复杂，那些不同的民族，各自说着不同的话，写着不同的文字——有些向来没有文字的民族，苏联的领袖们也帮助他们按照本民族语制成文字了——表演着不同的跳舞和歌唱。然而他们依然能够合作，能够集中于联邦的旗帜下面，他们开起会来，免不了要经过翻译的麻烦，彼此方能互通情意，然而并不曾因此隔阂起来，原因就在于经济利害的共通一致。虽然语言文字的隔阂有些不方便，终究比之经济基础是次要的了。只要各民族间在经济上能够形成一体，没有什么隔阂，将来他们彼此接触得更多的时候，在生活经验里面觉悟了共同语言的需要，自然会热烈地采用一种全国通用的语言乃至于世界通用的语言。所以那些次要的隔阂的破除，究竟是很容易的。

假使帝国主义一旦被打倒，则我们理想中的世界联邦，必定能够在全世界勤劳大众的友谊基础上建立起来，以符合世界经济的需要。当然，即使到了世界联邦实现的日子，落后的人们中，仍然免不了残留一些民族的偏见，比方白种人看不起黄种人。然而，在新的环境与新的教育的笼罩之下，迟早要把这些偏见改正过来的。

总而言之，一件东西，当有用的时候必然发展，当没有用的时候必然被淘汰：这是生物进化的法则。我们现在拿这个法则来比喻社会进化的情形，也很有适合的地方。"民族"在人类进化史中尽过了责任以后，也有成为废物的时候，这并不是奇怪的事情！因为人类既然从氏族可以联成种族，从种族又可以联成民族，那么，借由经济继续发展的结果，当然可以结合诸民族而成为单一的世界人类，这还有什么疑义呢？